短期完成！

ああ言えば即こう言う英会話

10日間100本ノック!!

妻鳥千鶴子

Jリサーチ出版

Message to the Readers

読者の皆さんへ

英会話のカギは即答力にあり！

英語で話す場合、相手の問いかけに即座に応答することは重要です。親しい人との英会話も、即座に応答すれば生き生きした会話になり、相手の方はまたあなたと会話を楽しみたいと思うでしょう。面接試験の場合であれば、試験官の英語をしっかり聞いて適切に答えられることは合否のカギを握ることにつながります。本書を活用して、ぜひすぐに英語で応答できる力をつけていただきたいと思います。

各 DAY のはじめで、疑問文などの説明と基本的な答え方を提示してありますので、**構造を再確認**してください。例えば Are you from Japan?（日本からですか）の質問に対しては、Yes, I am (from Japan). または No, I'm not (from Japan). と答えるのが原則です。

Are you...?

Yes, I am.

質問をする場合は、主語である you と be 動詞 are の順を逆にしますが、答える場合は自分のことなので I を用い、be 動詞 am を続けます。この形を再確認してください。

３ステップ学習で確実に即答する力がつく！

完全にわかっている構造であれば、Step1 の音読エクササイズから始めてくださってもかまいません。本書の英文を目で追いながら、**音声と共に音読**しましょう。簡単だと思う方は、本書を閉じ、**シャドーイング練習**に変えてください。聞こえてきた英文を、少し遅れて言う練習です。うまくできないところ、または何を言っているかよくわからない、あるいは意味がよくわからないという箇所があれば、音声を止めて本書で確認をしてから、またシャドーイング練習をするという手順で進めてみましょう。

Step2 では、**一部分を書き取るディクテーション練習**をします。書き取りながら、意味や英文構造の確認をしましょう。本書では一部を書き取るようにしてありますが、全文を書き取ってくださるとさらにより良い練習になります。シャドーイング同様、よく聞こえず書き取れない箇所を、本書で確認すると良いでしょう。またディクテーション練習で、スペルがわからない場合や、「正確にはわからないが、このように聞こえる」と思う箇所があれば、カタカナで書いておき、本書で確認してください。こうすることで、どの単語（あるいは表現）が、自分にはどのように聞こえるのかを知ることもでき、以降ちゃんと聞こえるようになる場合もよくあります。

そして Step3 は学習の総仕上げ、**音声を聞いて３秒以内で返答する練習**をします。音声を活用し、実際の会話をしているように練習してみてください。最初からそれは難しいと思う方は、本書にあるアドバイスのように、英文を書いてから、音声を聞いて、書いた答えを読むという練習から始めてください。

本書では、この３つのステップを 10DAY で行います。DAY1 から始めると、基本的な英文から練習できます。もちろん自分が始めたいところから始めてくださってもかまいません。自分に合う方法やペースで学習を進めてください。うまくできない箇所がありましたら、音読やシャドーイング、ディクテーションなど好きな方法から始め、その英文に少しずつ慣れると良いでしょう。何度も声に出して練習を行うことで、**必ず上手に即答できるようになります**。Thank you. や Good morning. は、日本語での意味を考えることなく普通に話している方は多いと思います。これは何度も聞き、自分でも何度も実際に言ってきたことでマスターできているのです。本書を活用して、たくさんの表現をマスターしていただけましたら、著者としてこれ以上の喜びはありません。

妻鳥千鶴子

CONTENTS【もくじ】

本書の利用法

本書は、英語での質問や声かけに「3秒以内に応え始める！」という“3秒ルール”を合言葉に、日本人の英会話の“弱点”を克服し、英語でしっかりコミュニケーションをとることができるようになるための「10日間集中エクササイズ」に取り組みます。

まずは敵（=疑問文）を知り、答え方のルールをつかもう!!

その DAY で学ぶテーマです。

各 DAY の最初の2ページでは、実際の会話でよく使われる疑問文を例にとり、そのポイントを理解します。

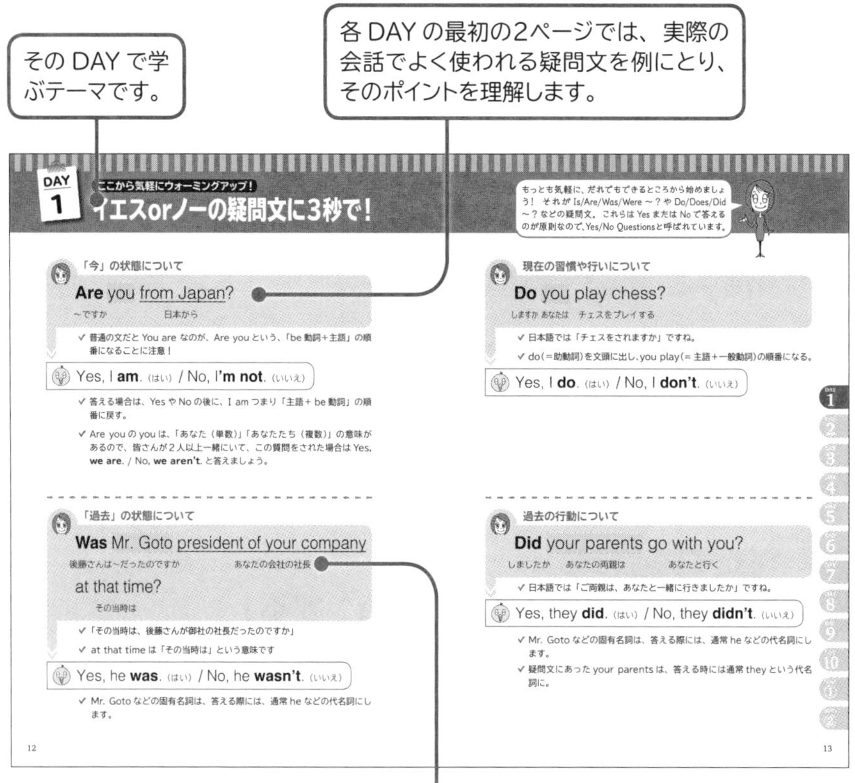

DAY 1

ここから気軽にウォーミングアップ！

イエスorノーの疑問文に3秒で！

もっとも気軽に、だれでもできるところから始めましょう！ それが Is/Are/Was/Were ～？や Do/Does/Did ～？などの疑問文。これらは Yes または No で答えるのが原則なので、Yes/No Questionsと呼ばれています。

「今」の状態について

Are you from Japan?
～ですか　日本から

✓ 普通の文だと You are なのが、Are you という、「be 動詞＋主語」の順番になることに注意！

Yes, I **am**.（はい）/ No, **I'm not**.（いいえ）

✓ 答える場合は、Yes や No の後に、I am つまり「主語＋ be 動詞」の順番に戻す。

✓ Are you の you は、「あなた（単数）」「あなたたち（複数）」の意味があるので、皆さんが２人以上一緒にいて、この質問をされた場合は Yes, **we are**. / No, **we aren't**. と答えましょう。

「過去」の状態について

Was Mr. Goto president of your company at that time?
後藤さんは～だったのですか　あなたの会社の社長　その当時は

✓「その当時は、後藤さんが御社の社長だったのですか」

✓ at that time は「その当時は」という意味です

Yes, he **was**.（はい）/ No, he **wasn't**.（いいえ）

✓ Mr. Goto などの固有名詞は、答える際には、通常 he などの代名詞にします。

12

現在の習慣や行いについて

Do you play chess?
しますか　あなたは　チェスをプレイする

✓ 日本語では「チェスをされますか」ですね。

✓ do（＝助動詞）を文頭に出し、you play（＝主語＋一般動詞）の順番になる。

Yes, I **do**.（はい）/ No, I **don't**.（いいえ）

過去の行動について

Did your parents go with you?
しましたか　あなたの両親は　あなたと行く

✓ 日本語では「ご両親は、あなたと一緒に行きましたか」ですね。

Yes, they **did**.（はい）/ No, they **didn't**.（いいえ）

✓ Mr. Goto などの固有名詞は、答える際には、通常 he などの代名詞にします。

✓ 疑問文にあった your parents は、答える時には通常 they という代名詞に。

13

語順通りに理解する＝最速で理解することができるようになるために、疑問文にはそれぞれ、語順通りの和訳がついています。“返り読み”は厳禁！

Step 1 >> 音読エクササイズ

1回音読したらチェック！

数字はCDのトラック番号です

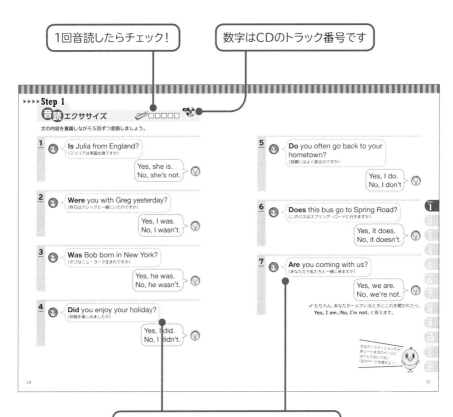

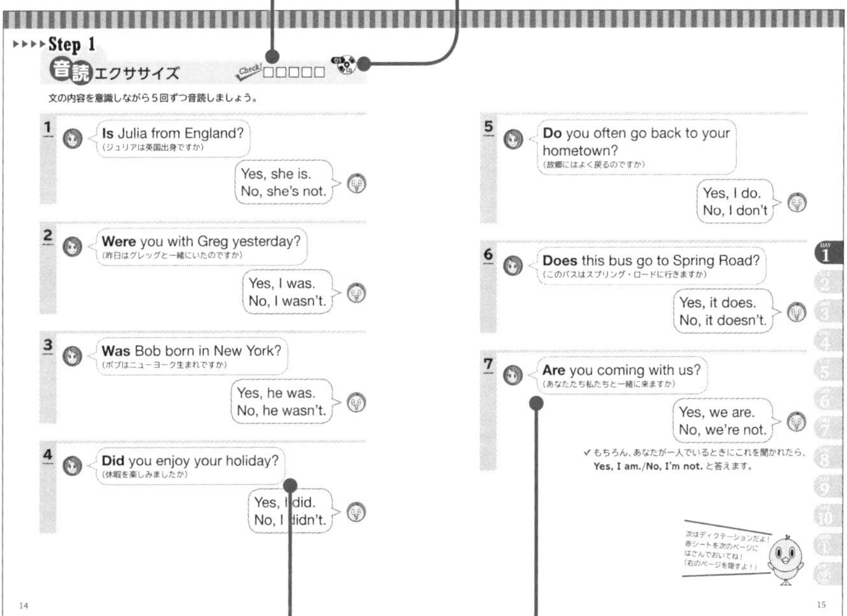

▸▸▸▸**Step 1**

音読エクササイズ

Check! □□□□□ 03 CD

文の内容を意識しながら５回ずつ音読しましょう。

1
Is Julia from England?
（ジュリアは英国出身ですか）
Yes, she is.
No, she's not.

2
Were you with Greg yesterday?
（昨日はグレッグと一緒にいたのですか）
Yes, I was.
No, I wasn't.

3
Was Bob born in New York?
（ボブはニューヨーク生まれですか）
Yes, he was.
No, he wasn't.

4
Did you enjoy your holiday?
（休暇を楽しみましたか）
Yes, I did.
No, I didn't.

5
Do you often go back to your hometown?
（故郷にはよく戻るのですか）
Yes, I do.
No, I don't.

6
Does this bus go to Spring Road?
（このバスはスプリング・ロードに行きますか）
Yes, it does.
No, it doesn't.

7
Are you coming with us?
（あなたたち私たちと一緒に来ますか）
Yes, we are.
No, we're not.

✓もちろん、あなたが一人でいるときにこれを聞かれたら、**Yes, I am./No, I'm not.** と答えます。

次はディクテーションだよ！
赤シートを次のページにはさんでおいてね！
（右のページを隠すよ！）

14　15

前のページで学んだ疑問文を使ったQ&Aを、意味を考えながら音読しましょう。CDの音声も活用しましょう。

Step 2 >> 聞いて&書く！ エクササイズ

音声を聞いて、Qと Aの空欄部分の音声を書き取ってみましょう。特にQが聞き取れないと、答えることはできないですからね。

プラスアルファで知っておくと会話スキルが上がる重要ポイント解説です！

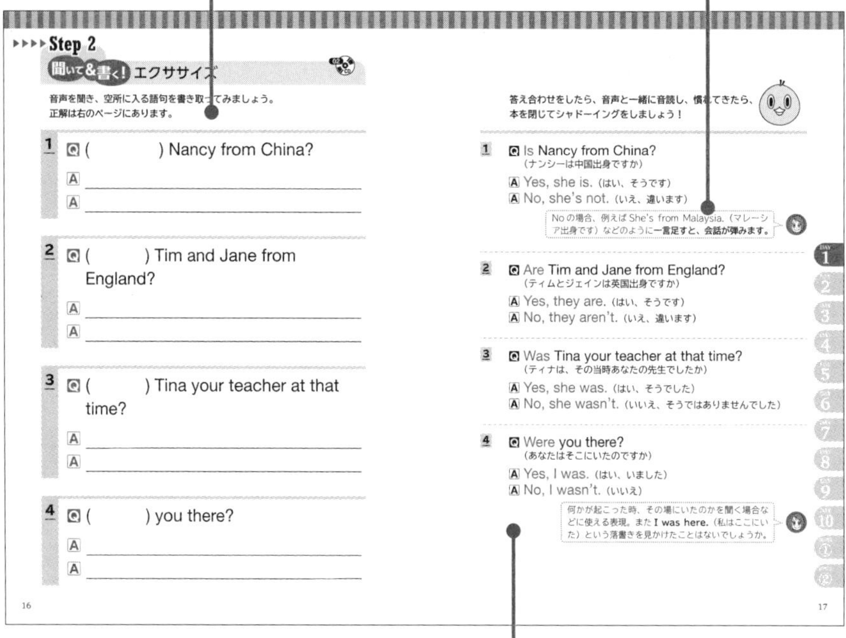

Step 2
聞いて&書く！エクササイズ
音声を聞き、空所に入る語句を書き取ってみましょう。
正解は右のページにあります。
1 Q ( ) Nancy from China?
2 Q ( ) Tim and Jane from England?
3 Q ( ) Tina your teacher at that time?
4 Q ( ) you there?
答え合わせをしたら、音声と一緒に音読し、慣れてきたら、本を閉じてシャドーイングをしましょう！
1 Q Is Nancy from China? (ナンシーは中国出身ですか)
A Yes, she is. (はい、そうです)
A No, she's not. (いえ、違います)
No の場合、例えば She's from Malaysia. (マレーシア出身です) などのように一言足すと、会話が弾みます。
2 Q Are Tim and Jane from England? (ティムとジェインは英国出身ですか)
A Yes, they are. (はい、そうです)
A No, they aren't. (いえ、違います)
3 Q Was Tina your teacher at that time? (ティナは、その当時あなたの先生でしたか)
A Yes, she was. (はい、そうでした)
A No, she wasn't. (いいえ、そうではありませんでした)
4 Q Were you there? (あなたはそこにいたのですか)
A Yes, I was. (はい、いました)
A No, I wasn't. (いいえ)
何かが起こった時、その場にいたのかを聞く場合などに使える表現。また I was here. (私はここにいた) という落書きを見かけたことはないでしょうか。
16
17

正解は右ページにあります。付属の赤シートを右ページにかぶせて、正解部分のチラ見えを防止しよう！
答え合わせをして、もし間違っていたら音声を聞きなおして、音とつづりと意味について、しっかり確認しましょう。
正解の語句や英文を見ながら、何度も繰り返し音声を聞いて、口に出して言いましょう。この Step を経ることで、相手の発言内容をしっかり理解できます。

Step 3 >> 3秒エクササイズ！

このステップでは（できれば何も見ずに、CD音声のみを使って、）英語の質問に3秒で応えるエクササイズをします！
音声のみが難しければ、**Q** を見て、答えを下に書くところから始めてもOKです。
（その場合は、右ページを赤シートで隠してください）

CDには、エクササイズ用の「**Q**（英語）⇒ポーズ（解答用の無音部分）」バージョンと、発音確認用の「**Q**（英語）⇒解答例（英語）」バージョンの2バージョンが入っています。

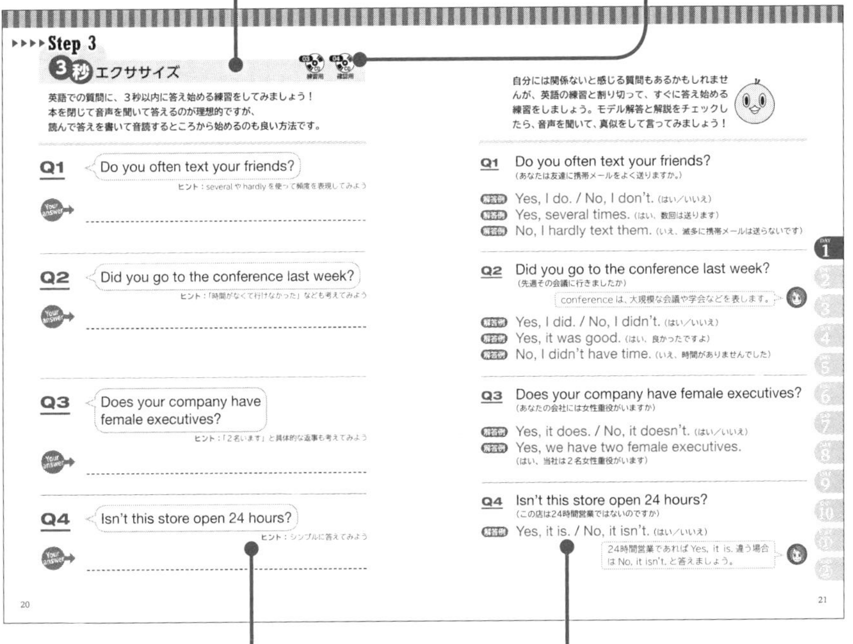

Step 3
3秒エクササイズ
英語での質問に、3秒以内に答え始める練習をしてみましょう！
本を閉じて音声を聞いて答えるのが理想的ですが、
読んで答えを書いて音読するところから始めるのも良い方法です。
Q1 Do you often text your friends?
ヒント：several や hardly を使って頻度を表現してみよう
Q2 Did you go to the conference last week?
ヒント：「時間がなくて行けなかった」なども考えてみよう
Q3 Does your company have female executives?
ヒント：「2名います」と具体的な返事も考えてみよう
Q4 Isn't this store open 24 hours?
ヒント：シンプルに答えてみよう
20
自分には関係ないと感じる質問もあるかもしれませんが、英語の練習と割り切って、すぐに答え始める練習をしましょう。モデル解答と解説をチェックしたら、音声を聞いて、真似をして言ってみましょう！
Q1 Do you often text your friends?
（あなたは友達に携帯メールをよく送りますか。）
解答例 Yes, I do. / No, I don't.（はい／いいえ）
解答例 Yes, several times.（はい、数回は送ります）
解答例 No, I hardly text them.（いいえ、滅多に携帯メールは送らないです）
Q2 Did you go to the conference last week?
（先週その会議に行きましたか）
conference は、大規模な会議や学会などを表します。
解答例 Yes, I did. / No, I didn't.（はい／いいえ）
解答例 Yes, it was good.（はい、良かったですよ）
解答例 No, I didn't have time.（いいえ、時間がありませんでした）
Q3 Does your company have female executives?
（あなたの会社には女性重役がいますか）
解答例 Yes, it does. / No, it doesn't.（はい／いいえ）
解答例 Yes, we have two female executives.
（はい、当社は2名女性重役がいます）
Q4 Isn't this store open 24 hours?
（この店は24時間営業ではないのですか）
解答例 Yes, it is. / No, it isn't.（はい／いいえ）
24時間営業であれば Yes, it is. 違う場合は No, it isn't. と答えましょう。
21

右ページにある **解答例** から抽出したヒントです。必ずしも参考にしなくてもOK！自由に話してみましょう！

疑問文の和訳や解答例（複数の場合も）。
音声のみでトライした人は、**Q** の内容を正しく聞き取れていたか、まず確認しましょう。もし違う意味に捉えていたら、スクリプトと音声をしっかり照合しておくのを忘れないように！

BONUS1&BONUS2

10 日の訓練を終えたらぜひ取り組んでいただきたい2つの BONUS ステージ。

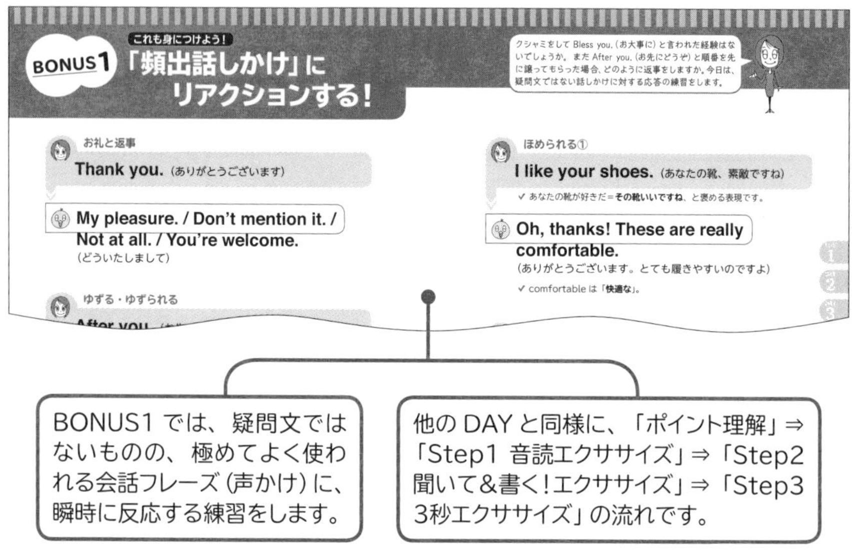

BONUS1 では、疑問文ではないものの、極めてよく使われる会話フレーズ（声かけ）に、瞬時に反応する練習をします。

他の DAY と同様に、「ポイント理解」⇒「Step1 音読エクササイズ」⇒「Step2 聞いて&書く！エクササイズ」⇒「Step3 3秒エクササイズ」の流れです。

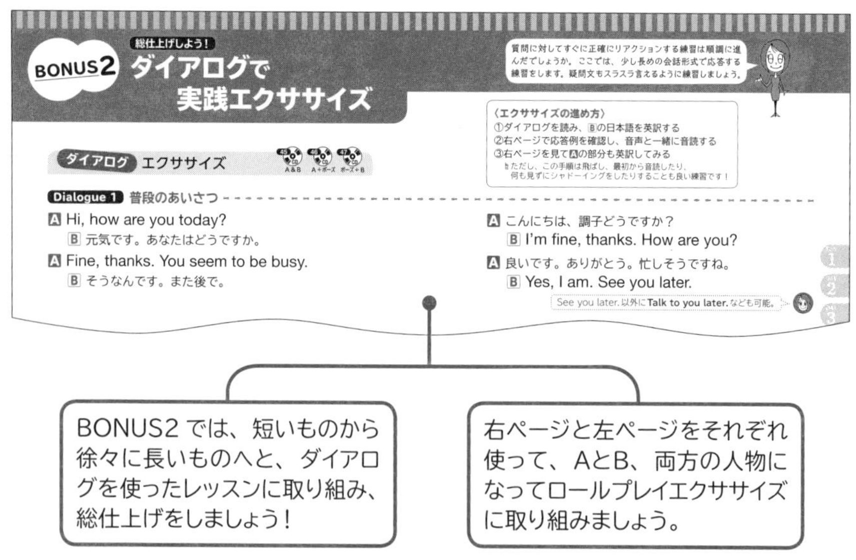

BONUS2 では、短いものから徐々に長いものへと、ダイアログを使ったレッスンに取り組み、総仕上げをしましょう！

右ページと左ページをそれぞれ使って、AとB、両方の人物になってロールプレイエクササイズに取り組みましょう。

音声・ダウンロードについて

音声の内容

DAY1 ～ DAY10

◇ Step1　音読エクササイズ（英語）
◇ Step2　聞いて＆書く！エクササイズ（英語）
◇ Step3　３秒エクササイズ（英語）
※Q⇒解答用のポーズ（無音部分）バージョン／Q⇒解答例バージョン

BONUS1　◇ DAY1 ～ 10 と同じ

BONUS2　◇ダイアログ（英語）
※A＆B両方のバージョン／A＆ポーズのバージョン／ポーズ＆Bのバージョン

● 無料音声ダウンロードの方法は以下のとおりです。

STEP 1　インターネットで https://audiobook.jp/exchange/jresearch にアクセス！

★QRコードからリンクを開くか、上記 URL を入力いただくか、J リサーチ出版のサイト（https://www.jresearch.co.jp）内の「音声ダウンロード」バナーをクリックしてください。

STEP 2　表示されたページから、audiobook.jpの会員登録ページへ。

★音声のダウンロードには、オーディオブック配信サービス audiobook.jp への会員登録（無料）が必要です。すでに会員登録を済ませている方は STEP 3へ進んでください。

STEP 3　登録後、再度 STEP 1のページにアクセスし、シリアルコード「24772」を入力後、「送信」をクリック！

★作品がライブラリ内に追加されたと案内が出ます。

STEP 4　必要な音声ファイルをダウンロード！

★スマートフォンの場合、アプリ「audiobook.jp」の案内が出ますので、アプリからご利用下さい。PC の場合は「ライブラリ」から音声ファイルをダウンロードしてご利用ください。

【ご注意】

・PC からでも、iPhone や Android のスマートフォンやタブレットからでも音声を再生いただけます。
・音声は何度でもダウンロード・再生いただくことができます。
・ダウンロードについてのお問い合わせ先：info@febe.jp（受付時間：平日10～20時）

ここから気軽にウォーミングアップ！

イエスorノーの疑問文に3秒で！

「今」の状態について

Are you from Japan?

～ですか　あなたは　日本から

✔ 普通の文だと You are なのが、Are you という、「be 動詞＋主語」の順番になることに注意！

Yes, I **am**.（はい） / No, I'**m not**.（いいえ）

✔ 答える場合は、Yes や No の後に、I am つまり「主語＋ be 動詞」の順番に戻す。

✔ Are you の you は、「あなた（単数）」「あなたたち（複数）」の意味があるので、皆さんが２人以上一緒にいて、この質問をされた場合は Yes, **we are**. / No, **we aren't.** と答えましょう。

「過去」の状態について

Was Mr. Goto president of your company at that time?

～だったのですか後藤さんは　あなたの会社の社長　その当時は

✔「その当時は、後藤さんが御社の社長だったのですか」

✔ at that time は「その当時は」という意味です

Yes, he **was**.（はい） / No, he **wasn't**.（いいえ）

✔ Mr. Goto などの固有名詞は、答える際には、通常 he などの代名詞にします。

もっとも気軽に、だれでもできるところから始めましょう！ それが Is/Are/Was/Were ～？や Do/Does/Did ～？などの疑問文。これらは Yes または No で答えるのが原則なので、Yes/No Questionsと呼ばれています。

現在の習慣や行いについて

Do you play chess?

しますか あなたは チェスをプレイする

✔ 日本語では「チェスをされますか」ですね。

✔ do（＝助動詞）を文頭に出し、you play（＝主語＋一般動詞）の順番になる。

Yes, I **do**. （はい） / No, I **don't**. （いいえ）

過去の行動について

Did your parents go with you?

しましたか あなたの両親は あなたと行く

✔ 日本語では「ご両親は、あなたと一緒に行きましたか」ですね。

Yes, they **did**. （はい） / No, they **didn't**. （いいえ）

✔ 第三者について答える際には、通常 he などの代名詞にしますので、疑問文にあった your parents は、they という代名詞にして、答えます。

▶▶▶▶Step 1

文の内容を意識しながら５回ずつ音読しましょう。

1

Yes, she is.
No, she's not.

2

Yes, I was.
No, I wasn't.

3

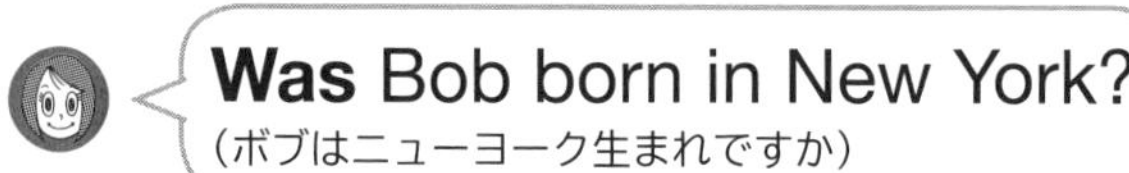

Yes, he was.
No, he wasn't.

4

Yes, I did.
No, I didn't.

5

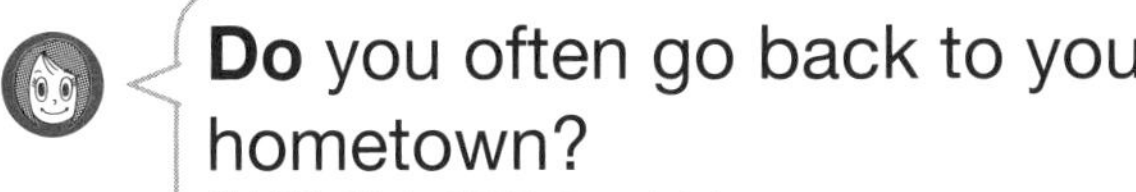

Do you often go back to your hometown?
（故郷にはよく戻るのですか）

Yes, I do.
No, I don't

6

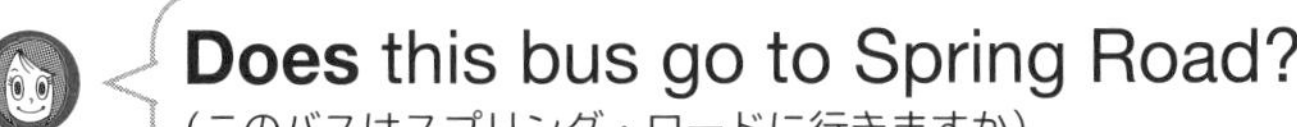

Does this bus go to Spring Road?
（このバスはスプリング・ロードに行きますか）

Yes, it does.
No, it doesn't.

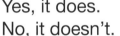

7

Are you coming with us?
（あなたたちは私たちと一緒に来ますか）

Yes, we are.
No, we're not.

✔ もちろん、あなたが一人でいるときにこれを聞かれたら、**Yes, I am./No, I'm not.** と答えます。

次はディクテーションだよ！
赤シートを次のページにはさんでおいてね！
（右のページを隠すよ！）

Step 2

聞いて&書く! エクササイズ

音声を聞き、空所に入る語句を書き取ってみましょう。
正解は右のページにあります。

1

Q (　　　　　　) Nancy from China?

A ______________________________

A ______________________________

2

Q (　　　　　　) Tim and Jane from England?

A ______________________________

A ______________________________

3

Q (　　　　　　) Tina your teacher at that time?

A ______________________________

A ______________________________

4

Q (　　　　　　) you there?

A ______________________________

A ______________________________

答え合わせをしたら、音声と一緒に音読し、慣れてきたら、
本を閉じてシャドーイングをしましょう！

1 **Q** Is Nancy from China?
（ナンシーは中国出身ですか）

A Yes, she is.（はい、そうです）

A No, she's not.（いえ、違います）

Noの場合、例えばShe's from Malaysia.（マレーシア出身です）などのように**一言足すと、会話が弾みます。**

2 **Q** Are Tim and Jane from England?
（ティムとジェインは英国出身ですか）

A Yes, they are.（はい、そうです）

A No, they aren't.（いえ、違います）

3 **Q** Was Tina your teacher at that time?
（ティナは、その当時あなたの先生でしたか）

A Yes, she was.（はい、そうでした）

A No, she wasn't.（いいえ、そうではありませんでした）

4 **Q** Were you there?
（あなたはそこにいたのですか）

A Yes, I was.（はい、いました）

A No, I wasn't.（いいえ）

何かが起こった時、その場にいたのかを聞く場合などに使える表現。また**I was here.**（私はここにいた）という落書きを見かけたことはないでしょうか。

5 Q (　　　　) Kumi play golf?

A ______________________________

A ______________________________

6 Q (　　　　) you talk with Ms. Kim about that?

A ______________________________

A ______________________________

7 Q (　　　　) you like coffee?

A ______________________________

A ______________________________

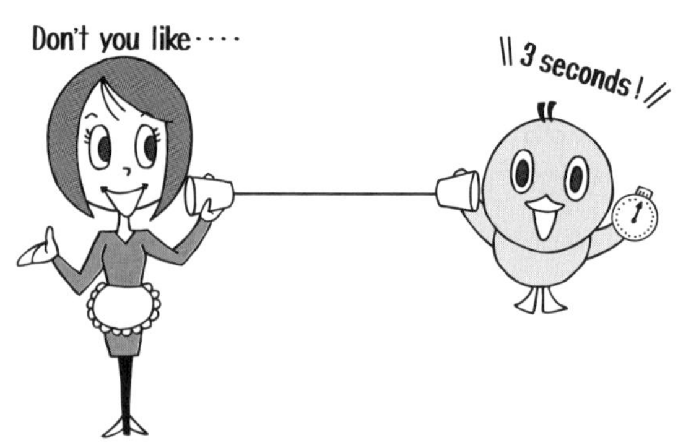

5 Q Does Kumi play golf?
(クミはゴルフをしますか)

A Yes, she does.（はい、します）

A No, she doesn’t.（いいえ、しないですね）

実際には、No の場合、**No, I don’t think she does. No, I don’t think so.** などのような答え方がより自然です。

---

6 Q Did you talk with Ms. Kim about that?
(キムさんと、そのことについて話しましたか)

A Yes, I did.（はい、話しました）

A No, I didn’t.（いえ、話しませんでした）

---

7 Q Don’t you like coffee?
(コーヒーが好きではないのですか)

A Yes, I do.（はい、好きですよ）

A No, I don’t.（好きではないです）

要注意の否定形で始まる疑問文。**答えは Do you...? と同じ**。好きなら Yes、嫌いであれば No。(詳しくはこの後の DAY10 で学びます)。

次はいよいよ「3秒エクササイズ」だよ！
赤シートを次のページにはさんで準備完了！
(右のページを隠すよ！)

Step 3

3秒エクササイズ

英語での質問に、３秒以内に答え始める練習をしてみましょう！
本を閉じて音声を聞いて答えるのが理想的ですが、
読んで答えを書いて音読するところから始めるのも良い方法です。

Q1 Do you often text your friends?

ヒント：several や hardly を使って頻度を表現してみよう

Q2 Did you go to the conference last week?

ヒント：「時間がなくて行けなかった」なども考えてみよう

Q3 Does your company have female executives?

ヒント：「２名います」と具体的な返事も考えてみよう

Q4 Isn’t this store open 24 hours?

ヒント：シンプルに答えてみよう

自分には関係ないと感じる質問もあるかもしれませんが、英語の練習と割り切って、すぐに答え始める練習をしましょう。モデル解答と解説をチェックしたら、音声を聞いて、真似をして言ってみましょう！

Q1 Do you often text your friends?
（あなたは友達に携帯メールをよく送りますか。）

解答例 Yes, I do. / No, I don't. （はい／いいえ）
解答例 Yes, several times. （はい、数回は送ります）
解答例 No, I hardly text them. （いえ、滅多に携帯メールは送らないです）

Q2 Did you go to the conference last week?
（先週その会議に行きましたか）

conferenceは、大規模な会議や学会などを表します。

解答例 Yes, I did. / No, I didn't. （はい／いいえ）
解答例 Yes, it was good. （はい、良かったですよ）
解答例 No, I didn't have time. （いえ、時間がありませんでした）

Q3 Does your company have female executives?
（あなたの会社には女性重役がいますか）

解答例 Yes, it does. / No, it doesn't. （はい／いいえ）
解答例 Yes, we have two female executives.
（はい、当社は２名女性重役がいます）

Q4 Isn't this store open 24 hours?
（この店は24時間営業ではないのですか）

解答例 Yes, it is. / No, it isn't. （はい／いいえ）

24時間営業であればYes, it is. 違う場合はNo, it isn't. と答えましょう。

Q5

Was the train very crowded?

ヒント：シンプルに答えてみよう

Your answer →

Q6

Are there direct flights to New York from here?

ヒント：「１日２便ある」と具体的に言ってみよう

Your answer →

Q7

Are these chairs made of wood?

ヒント：シンプルに答えてみよう

Your answer →

Q8

Do you have any rooms available?

ヒント：「まだシングルが２部屋ある」と具体的情報も考えよう

Your answer →

Q9

Didn't they approve our project plan?

ヒント：「最初からやり直さなくては」なども言えるといいですね

Your answer →

Q5 Was the train very crowded?
（列車はとても混んでいましたか）

解答例 Yes, it was. / No, it wasn't. （はい／いいえ）

Q6 Are there direct flights to New York from here?
（ここからニューヨークへの直行便はありますか）

解答例 Yes, there are. / No, there aren't. （はい／いいえ）

解答例 Yes, there are two direct flights a day.
（はい、１日２便直行便があります）

Q7 Are these chairs made of wood?
（これらの椅子は木製ですか）

解答例 Yes, they are. / No, they aren't. （はい／いいえ）

Q8 Do you have any rooms available?
（空いている部屋はありますか）

解答例 Yes, we do. / No, we don't. （はい／いいえ）

ホテルや会議室の空きを尋ねる場合に使えます。聞かれた人が一人で担当している場合は、weをIに変えて。

解答例 Yes, we still have two single rooms.
（はい、シングルが２部屋あります）

解答例 No, we are fully booked. （いえ、全室予約済みです）

Q9 Didn't they approve our project plan?
（彼らは私たちのプロジェクト計画を承認しなかったのですよね）

解答例 Yes, they did. （承認しました）

解答例 No, they didn't. （承認しませんでした）

解答例 Yes, it was approved. （はい、承認されました）

解答例 No, we have to work on it from scratch.
（いえ、最初からやり直さなくてはなりません）

Q10

Does anybody have a comment on the project?

ヒント：シンプルに答えてみよう

Your answer

Q11

Is your office relocating?

ヒント：市の中心部（city center）などの情報も加えてみよう

Your answer

Q12

Wasn't her presentation inspiring?

ヒント：impressed（感動した）を使ってみよう

Your answer

Q13

Are we supposed to dress formally?

ヒント：シンプルに答えてみよう

Your answer

Q14

Were there only four people?

ヒント：「(人が少なくて）彼を気の毒に思った」と気持ちを添えてみよう

Your answer

Q10 Does anybody have a comment on the project?
（どなたか、このプロジェクトに関してコメントありますか）

解答例 Yes, I do. / No, I don't.（はい／いいえ）

解答例 I thought it was well-planned.
（よく準備されていたと思います）

もし友達やグループ内など、複数人数でコメントがある場合には、I を we に変えて。

Q11 Is your office relocating?
（あなたのオフィスは移転するのですか）

解答例 Yes, it is. / No, it isn't.（はい／いいえ）

解答例 Yes, to the city center.（はい、市の中心部へ）

解答例 No, it's not moving after all.（いえ、結局は移転しません）

Q12 Wasn't her presentation inspiring?
（彼女のプレゼンは奮い立たせてくれるものじゃなかったですか）

解答例 Yes, it was. / No, it wasn't.（はい／いいえ）

解答例 Yes, I was impressed very much.
（はい、私はとても感動しました）

Q13 Are we supposed to dress formally?
（正装していくべきでしょうか）

解答例 Yes, we are. / No, we aren't.（はい／いいえ）

Q14 Were there only four people?
（たった４人しかいなかったのですか）

解答例 Yes, there were. / No, there weren't.（はい／いいえ）

解答例 Yes, I felt sorry for him.（はい、彼が気の毒だと思いました）

解答例 No, there were about ten people.
（いえ、10人くらいはいました）

疑問詞登場！！

いつ？ どこ？ どっち？ なぜ？

いつ ⇒ 時を答える！

When did you see Jimmy last?

いつ　あなたは会ったか　ジミーに　最後に

✓「最後にジミーに会ったのはいつですか？」と尋ねていますので、相手が知りたいのはWhen（いつ）なので、時を答えるのが原則！

Last Sunday.（先週の日曜日です）

✓ 丁寧に答えるなら**I met him** last Sunday.となりますが、通常はLast Sunday.で十分です。

主語にもなる **When**'s convenient for you?（いつが都合いいですか）

主語　be動詞　補語　修飾部分

どこ ⇒ 場所を答える！

Where are you going to meet Amy?

どこで　あなたは会う予定か　エイミーと

✓「どこでエイミーに会うのですか」と、相手が知りたいのはWhere（どこ）なので、場所を答えるのが原則！

In Shibuya.（渋谷で）

At the Station Department.（ステーション・デパートで）

✓ 丁寧に答えるなら**I'm going to meet her** at the airport.（空港で会います）

ここでは When（いつ）、Where（どこ）、Which（どっち）、Why（なぜ）の４タイプの疑問文について、まずは基本の形をチェックしましょう！

どっち ⇒ 片方を選ぶ！

Which do you prefer, this one or that one?

どちら　あなたはより好きか　こちらのもの　あるいは　あちらのもの

✔「こちらとあちら、どちらがいいですか」と、相手が知りたいのは Which（どちら）なので、どちらなのかを答えるのが原則

That one.（あちらのもの）

✔ 丁寧に答えるなら **I prefer** this one.（こちらの方がいいです）

主語にもなる **Which** is the best way?（どれが最良の方法ですか）

主語　be 動詞　補語

なぜ ⇒ 理由を答える！

Why did you do so?

なぜ　あなたはしたのか　それを

✔「なぜそうしたのですか」相手が知りたいのは Why（なぜ）なので、理由を答えるのが原則

Because I thought it was a good way.
（いいと思ったからです）

✔ Because は会話では省かれることもよくあります。また **To help him.**（彼を助けるためです）と To を使って答えることもよくあります。

▶▶▶▶ Step 1

文の内容を意識しながら５回ずつ音読しましょう。

1

When did you come back from California?
（カリフォルニアからいつ戻りましたか？）

Last Saturday.（先週の土曜日です）

✔ 丁寧に言えば **I came back last Saturday.**

2

When is your next visit?
（次はいつきますか？）

In July.（７月に）

✔ 丁寧に言えば **I'll visit you in July.**

3

Where can I find a café around here?
（この辺りでカフェはどこですか？）

Just around the corner.
（すぐ近く〈角を曲がったところ〉にありますよ）

✔ 丁寧に言えば **You'll find one just around the corner.**

4

Where have you been?
（どこにいたのですか？）

The library.（図書館に）

✔ 丁寧に言えば **I've been at the library.**

5

Which room did you book?
（どの部屋を予約したのですか？）

The smaller one.（小さい方の部屋です）

✔ 具体的に **(I booked) Room 306.** なども。

6

Which is more convenient for you, this afternoon or tomorrow morning?
（今日の午後と明日の午前ではどちらがご都合が良いですか？）

This afternoon is fine with me.
（今日の午後が良いです）

7

Why are you still here?
（なぜまだここにいるのですか？）

I'm waiting for Sarah.（サラを待っているんです）

8

Why don't we give him a call?
（彼に電話してみませんか？）

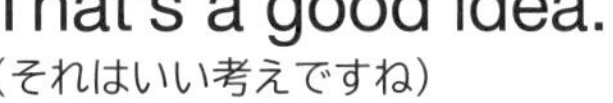

That's a good idea.
（それはいい考えですね）

✔ Why don't we/I/you ～？は「なぜ～しないのか」
⇒ **「～してはどうだろう」**という意味合いで使われます。

次はディクテーションだよ！
赤シートを次のページに
はさんでおいてね！
（右のページを隠すよ！）

Step 2

聞いて&書く! エクササイズ

音声を聞き、空所に入る語句を書き取ってみましょう。
正解は右のページにあります。

1

Q (　　　　　　　) shall we meet?

A How about (　　　　　　　　　　　　　　)?

2

Q (　　　　　　　) is everyone working so late?

A Because we have the deadline (　　　　　　　　　　).

3

Q (　　　　　　　) should I place the documents?

A (　　　　　　) my desk, thank you.

4

Q (　　　　　　　　　) page should I turn to?

A (　　　　　　　　　　).

答え合わせをしたら、音声と一緒に音読し、慣れてきたら、
本を閉じてシャドーイングをしましょう！

1

Q When shall we meet?
（いつ会いましょうか）

A How about next Monday?
（来週の月曜日はどうでしょう）

How about ～？は、「～はどうですか」という**提案**の表現です。

2

Q Why is everyone working so late?
（なぜみんな、こんな遅くまで仕事をしているのですか）

A Because we have the deadline to meet.
（間に合わせるべき締め切りがあるのです）

meet/miss the deadline は「締め切りに間に合う［間に合わない］」という意味

3

Q Where should I place the documents?
（この書類、どこに置きましょうか）

A On my desk, thank you.
（私の机の上にお願いします）

4

Q Which page should I turn to?
（何ページを開くべきですか）

A Page 50.
（50ページです）

50と15は正確に聞き取れるでしょうか。50は fífty と前方、15は fiftéen と後方にアクセントがあります。

5 Q ( ) did you come here so early?

A ( ) the report.

6 Q ( ) and ( )?

A How about ( ), at ( )?

7 Q ( ) bakery would you recommend?

A I'd recommend ( ) on Seventh Avenue.

5 **Q** Why did you come here so early?
（なぜ、あなたはこんなに早くここへ来たのですか）

A To finish the report.
（報告書を終わらせるためです）

Why に対し、**To...** を用い、「～するために」という答え方もよく使われます。

---

6 **Q** When and where?
（いつ、どこで）

いつ、どこで？ と**まとめて聞く表現**。例えば **When and where shall we meet?**（いつ、どこで会いましょうか）のように使うこともできます。

A How about tomorrow, at my office?
（明日、私のオフィスでどうですか）

---

7 **Q** Which bakery would you recommend?
（どのパン屋さんがオススメですか）

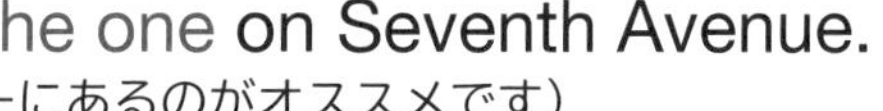

A I'd recommend the one on Seventh Avenue.
（セヴンス・アヴェニューにあるのがオススメです）

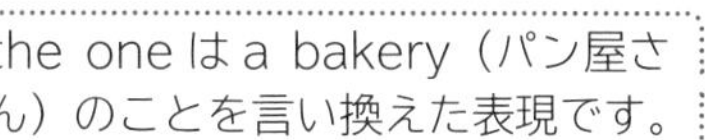

the one は a bakery（パン屋さん）のことを言い換えた表現です。

次はいよいよ「3秒エクササイズ」だよ！
赤シートを次のページにはさんで準備完了！
（右のページを隠すよ！）

Step 3

3秒エクササイズ

英語での質問に、3秒以内に答え始める練習をしてみましょう！
本を閉じて音声を聞いて答えるのが理想的ですが、
読んで答えを書いて音読するところから始めるのも良い方法です。

Q1 Which do you prefer, eating out or eating at home?

ヒント：prefer を使おう

Your answer →

Q2 When will your report be ready?

ヒント：by を使おう

Your answer →

Q3 Where is the nearest café?

ヒント：around や near を使ってみよう

Your answer →

Q4 Why didn't you come yesterday?

ヒント：多忙を理由にしてみよう

Your answer →

答え合わせをしたら、モデル音声を聞いて、
真似をして言ってみましょう！

Q1 Which do you prefer, eating out or eating at home?
（外食と家で食べるの、どちらが好きですか）

解答例 I prefer eating at home.
（家で食べる方が好きです）

解答例 I prefer eating out.
（外食の方が好きです）

Q2 When will your report be ready?
（いつ、あなたの報告書は準備できますか）

解答例 By tomorrow morning.（明日の朝までには）

解答例 It will be ready in one hour.
（1時間後には準備できています）

Q3 Where is the nearest café?
（一番近いカフェはどこですか）

解答例 Just around the corner.
（その角のところにあります）

解答例 There’s one near the park.
（公園の近くに1軒あります）

Q4 Why didn’t you come yesterday?
（昨日はなぜ来なかったのですか）

解答例 I was too busy.（忙しすぎました）

もちろん Because I was too busy. が基本中の基本ですが、Because が省略されることは多々あります。

Q5

Which floor?

ヒント：エレベーターに乗り合わせた人に聞く場合の表現です！ 答えは数字+ please でOK

Your answer

Q6

Where have you been?

ヒント：at を使いましょう

Your answer

Q7

When's your birthday?

ヒント：月日を言えばOKです

Your answer

Q8

Which country would you like to visit, Italy or Spain?

ヒント：１つを選べばOKです

Your answer

Q9

Why don't we have lunch?

ヒント：sounds を使おう

Your answer

Q5 Which floor? (どの階ですか)

What floor? でもOK！

解答例 Ten, please. (10階お願いします)

You've already pressed my floor, thank you.

(すでに押してくださっています、ありがとう)

Q6 Where have you been?

(どこに行っていたのですか)

解答例 (I've been) At the cafe. (カフェです)

I've just been out. / Just out. (ちょっと外に)

Where have you been? は、話題になっていることを知らない人に、「**そんなことも知らないのですか？**」(一体今までどこにいたのだ) という意味合いでも使えます。例：Who's Jack Star? (ジャック・スターって誰) ⇒ A popular rapper. Where have you been? (人気のラッパーじゃないか。本当に知らなかった？)

Q7 When's your birthday? (誕生日はいつですか)

解答例 (My birthday is on) July 20th. (7月20日です)

Q8 Which country would you like to visit, Italy or Spain? (イタリアかスペイン、どちらの国に行きたいですか)

解答例 (I'd love to visit) Spain. (スペインに行きたいです)

Q9 Why don't we have lunch? (ランチでもどうですか)

解答例 That sounds good. (いいですね)

Sorry, I have to finish this report by two.
How about tomorrow?

(すみません。2時までにこの報告書を終えなくては。明日はどうですか)

Why don't we...?「～はどうですか」と**提案・勧誘**する表現

Q10 Why don't you break up with him?

ヒント： love を使おう

Your answer ➡ --

Q11 Where are you?

ヒント：「～の途中だ」という決まり文句を使ってみよう

Your answer ➡ --

Q12 Where are you from?

ヒント： シンプルに国名を言えばOKです

Your answer ➡ --

Q13 When do you usually exercise?

ヒント： 曜日や時間帯のみ答えればOKです

Your answer ➡ --

Q14 Which is yours?

ヒント： one を使って表現してみよう

Your answer ➡ --

Q10 Why don't you break up with him?

（どうして彼と別れないのですか）

Why don't you...? にも「～はどうですか」と提案・勧誘する意味合いがありますが、理由を聞いている場合もありますので**話の流れで答えましょう。**

解答例 Because I still love him. （彼をまだ愛しているから）

Q11 Where are you? （どこにいるのですか）

解答例 (I'm) On my way home. （家に帰る途中です）

on my way to work（通勤途中）**on my way to the gym**（ジムへ行く途中）など。

Q12 Where are you from?

（どこからいらっしゃいましたか。（ご出身はどちらですか））

解答例 (I'm) From Japan. （日本からです）

I'm living here, but I'm originally from Japan.

（ここに住んでいますが、元々は日本出身です）

Q13 When do you usually exercise?

（普段いつ運動をするのですか）

解答例 On Sunday. （日曜日に）

After lunch. （昼食後に）

Q14 Which is yours? （どちらがあなたのですか）

Which is your bag? などのように具体的に質問せず、yours（あなたのもの）と一語で表現した便利な質問です。

解答例 That one. （それです）

The one on the desk. （机の上にあるものです）

The yellow one. （黄色のです）

超重要だからしっかり特訓！

「何？(what)」で始まるいろんな疑問文

いちばんよく使う！

What is that?

何ですか　それは

✔ 日本語では「それは何ですか」。

(It's) *Chawan-mushi*, or steamed egg custard.（茶碗蒸しです）

✔ 相手は「何」を聞いているので、**「何であるか」をしっかり答える**ことが必要です。

状況によって答えはさまざま！

What was that?

何だったのですか　それは

✔ 日本語では「今のは何だったの」。**何かが起こって驚いた時**や、また、**Sorry, what was that?**（すみません、何と言ったのですか）と**聞き返す場合**などに使われる表現です。状況によって答えも様々です。

✔ What is that? も What was that? も、**what が補語の役割**をしています。

I don't know.（わからないよ）

「5W1H」の疑問詞のうち、会話で非常によく使うwhat（何）について、集中特訓しましょう！　まず、What？と言うだけで「何？」「え、なんだって？」「えぇ！（驚き）」などの意味合いを表現できます。

近い未来にすることについて尋ねる

What are you giving him?

何を　あなたはあげるつもり　彼に

✔「彼に何をあげるのですか」と聞いています。

(I'm giving him) A smartwatch.
（スマートウォッチをあげようかと）

✔ あげようとしているものを端的に答えればOKです。

過去の行動について尋ねる

What did you major in?

何を　あなたは専攻した

✔ 大学などの専攻科目を聞く表現です。例えば「経済学を専攻する」と言うならmajor in economicsとなり、質問する場合もmajor inと最後にinを残します。英語を外国語として使う人たちには**What did you major?**と言う人も多く、意味は通用します。

✔ What are you giving him? もWhat did you major in? も、**whatが目的語の役割**をしています。

(I majored in) Drama.（演劇です）

何が動作を行っているかを尋ねる

What makes you so angry?

何が　させる　あなたを　そのように腹を立てる

✓「何をそんなに怒っているのですか」。**whatが主語**になり、直訳すれば「何があなたをとても怒らせているのか」と、つまりなぜそんなに怒っているのかという質問になります。

Corruption again. Read this article.
（また汚職。この記事を読んでください）

何が起こったかを尋ねる

What's happened?

何が　起こった

✓「何があったのですか」。**whatが主語**になり、「何が起こったのか」を聞いています。What's の部分は、**What has の省略形**です。has/have+ happened（過去分詞形）で「たった今～があった」という意味合いになります。

Alice hit Ted.（アリスがテッドをぶったんです）

日常生活頻出！ 目的を尋ねる

What is this cloth **for**?

何ですか　この布は　ための

✓ **this clothが主語**で、「何のために」と質問しています。例えばThis cloth is for decoration.（この布は装飾目的です / 飾るためです）のfor decorationの部分を質問したいので、decorationをwhatに変えているわけです。**This cloth is for what?** と言ってもOKですし、一般に **For what?** と言えば目的を聞く表現になります。

(This cloth is) **For** decoration.

((この布は) 装飾目的です)

買い物で頻出！ サイズを尋ねる

What is your shoe **size**?

何ですか　あなたの靴のサイズは

✓「あなたの靴のサイズは？」の意味で、**What size shoes do you wear?** も同意です。店でサイズがわからない服なら、**What size is this?**（これはサイズ何ですか）と聞けば、**It's extra large.**（特大です）などのようにサイズを答えてくれます。

(I wear a) **Size** 29.（29cmです）

DAY 1 DAY 2 DAY 3 DAY 4 DAY 5 DAY 6 DAY 7 DAY 8 DAY 9 DAY 10 BONUS ① BONUS ②

▸▸▸▸ **Step 1**

文の内容を意識しながら５回ずつ音読しましょう。

1

What's that?
（それは何ですか）

Oh, **that's** a *Torii*, a gate for the shrine.
（あれは鳥居です、神社の門です）

2

What are these black spots?
（この黒い点々は何ですか）

Ryan spilled some ink there.
（ライアンがそこでインクをこぼしました）

3

What are you talk**ing** about?
（何の話ですか）

I'm talk**ing** about my mother in law.
（姑のことです）

4

What did you **think** of Mark's presentation?
（マークのプレゼン、どう思いましたか）

✔「どう」につられて How do you think... と言わないようにしましょう。

It was well-organized.
（よく準備されていました）

5

What's going on here?
（どうしたのですか）

✓ **What's happening?** の意味合いです。

There's been an accident.
（事故がありました）

6

Hi, **what's going on**?
（あら、何をしているの？）

✓ 例えば Long time no see! What's going on?
（久しぶり！ どうしてる？）のようにも使えます。

I'm just wait**ing** for Nat.
（ナットを待っているところです）

7

Hey, **what's up**? （やあ、元気？）

✓ **気軽な挨拶**に使われる表現です。

I'm OK, thanks.
（元気です、ありがとう）

8

What makes you so sad?
（何がそんなに悲しいの）

My dog is sick and hospitalized.
（私の犬が病気で入院中なんです）

9

What is your favorite food?
(好きな食べ物は何ですか)

I love *sushi*.
(お寿司が好きです)

10

What do you think about the new policy?
(新しい方針をどう思いますか)

I think it's much better than the old one.
(古いのより、ずっと良いと思います)

11

What's the date of your foundation anniversary?
(創立記念日はいつですか)

✓ このyourは、話し相手が会社員の場合は「**御社の**」、学生相手の場合は「**あなたの学校の**」などのように、**状況次第で多様な意味**を持たせることができます。

It's July 25th. (7月25日です)

12

What kind of person are you?
(あなたはどのような性格ですか?)

✓ **What type of person are you?** も同意で、性格や「家庭的」「仕事優先型」などを聞く場合の表現です。**What is he like?** も同意で「彼はどのような人ですか」と聞きたい場合に使えます。

I consider myself optimistic.
(楽観的だと思います)

✓ optimistic(楽観的な)⇄ pessimistic(悲観的な)

13

What do you **mean** by that?
(それはどういう意味ですか)

I mean you look great.
(元気そうですねという意味です)

✔ you look great には「元気そうだ」以外に「**きれいだ**」など、場面によって**いろいろな意味**があります。

14

What do you **do** for a living?
(仕事は何をされていますか)

✔ for a livingの部分は省略されることも多いです。What's your job? と同意ですが、ダイレクトなニュアンスで、場合によっては失礼にもなるため、この表現を使いましょう。

I work for an IT company.
(IT企業に勤めています)

✔ I'm a web designer. のように **I'm ～という答え方もできます**。

次はディクテーションだよ！
赤シートを次のページに
はさんでおいてね！
(右のページを隠すよ！)

▸▸▸▸Step 2

聞いて&書く! エクササイズ

音声を聞き、空所に入る語句を書き取ってみましょう。
正解は右のページにあります。

1

Q (　　　　　　) would you like for your birthday?

A Ishigro's (　　　　　　) book.

2

Q (　　　　　　) happening here?

A We're (　　　　　　) Nick's graduation.

3

Q (　　　　　　) your address?

A Here, I'll (　　　　　　) for you.

4

Q (　　　　　　) did Ken do?

A Apparently, he swore (　　　　　　).

答え合わせをしたら、音声と一緒に音読し、慣れてきたら、本を閉じてシャドーイングをしましょう！

1

Q What would you like for your birthday?
（お誕生日に何が欲しいですか）

What do you want... としても同じ。

A Ishiguro's latest book.
（イシグロの最新刊です）

2

Q What's happening here?
（何事ですか）

直訳すれば「ここでは何が起こっているのか」となります。

A We're celebrating Nick's graduation.
（ニックの卒業を祝っています）

celebrate は「祝う」、graduation は「卒業」です。

3

Q What's your address?（あなたの住所は？）

A Here, I'll write it down for you.
（ほら、ここに書きますよ）

住所はプライバシーなので、親しい人だけに聞くようにしましょう。

4

Q What did Ken do?
（ケンは何をしたの）

A Apparently, he swore at the teacher.
（先生に悪口を言ったらしいよ）

apparently は「～らしい；明らかに」、swear at... は「～を罵る；毒づく」です。

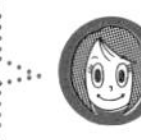

5 Q (   ) happy?

A I love it when people (   ) for what I did.

6 Q (   ) the meeting got postponed?

A Trains are stopped (   ) typhoon.

7 Q (   ) room for?

A (   ) meeting.

5 **Q** What makes you **happy?**

（あなたを嬉しくさせるものは何ですか）

A **I love it when people** thank me **for what I did.**

（私がしたことを人に感謝されると嬉しいです）

少し長い答えですが、I love it の it は、when people thank me (for what I did) を短くして目的語にしていると考えましょう。I hate it when he complains about his job.（彼が仕事の文句を言うのは大嫌いだ）などのように使われます。

6 **Q** What do you mean **the meeting got postponed?**

（会議が延期って、どういうことですか）

A **Trains are stopped** because of the **typhoon.**

（台風で電車が止まっているのです）

7 **Q** What's this **room for?**

（この部屋は何のためですか）

What ~ for? で、**目的や理由**を尋ねることができます。

A For a small **meeting.**

（小会議のためです）

次はいよいよ「3秒エクササイズ」だよ！
赤シートを次のページにはさんで準備完了！
（右のページを隠すよ！）

Step 3

3秒エクササイズ

英語での質問に、３秒以内に答え始める練習をしてみましょう！
本を閉じて音声を聞いて答えるのが理想的ですが、
読んで答えを書いて音読するところから始めるのも良い方法です。

Q1 What is your favorite dish?

ヒント：具体的な料理名を英語で言ってみよう

Your answer→

Q2 What makes you happy?

ヒント：Being + 形容詞で状態を答えてみよう

Your answer→

Q3 What do you do for a living?

ヒント：職業名や仕事内容を端的に言ってみよう

Your answer→

Q4 What are you doing this weekend?

ヒント：I'll be ～ing を使ってみよう

Your answer→

答え合わせをしたら、モデル音声を聞いて、
真似をして言ってみましょう！

Q1 What is your favorite dish?（あなたの好きな料理は何ですか？）

解答例 I love spaghetti and meatballs.
（私はミートボールスパゲッティが大好きです）

このように具体的に料理名を言うこともできますし、Chinese food.（中華料理です）Italian cuisine.（イタリア料理です）などのような答え方もできます。

Q2 What makes you happy?（あなたを幸せにするものは何ですか）

解答例 My family.（家族です）

解答例 Being healthy.（健康でいることです）

解答例 I love it when I learn something new.
（何か新しいことを学ぶことです）

DAY 3

Q3 What do you do for a living?
（お仕事は何ですか）

解答例 I teach English.（英語を教えています）

解答例 I'm an English teacher.（英語の教師です）

Q4 What are you doing this weekend?
（この週末は何をする予定ですか）

解答例 I'll be climbing the mountain.
（登山をする予定です）

BONUS ②

Q5 What do you usually do when you are off?

ヒント：enjoy ～ing を使ってみよう

Your answer ➡ --

Q6 What did you do last weekend?

ヒント：何をしたのか具体的に言ってみよう

Your answer ➡ --

Q7 What kind of music do you like?

ヒント：ジャンルで答えてみよう

Your answer ➡ --

Q8 What type of person are you?

ヒント：「のんびりしている」は easygoing です

Your answer ➡ --

Q9 I'm quite outgoing. What about you?

ヒント：I think I'm ... と自分について言ってみよう

Your answer ➡ --

Q5 What do you usually do when you are off?
(休みの時は普通何をしますか)

解答例 I just sleep a lot.
(ただひたすら寝ます)

解答例 I enjoy having my friends at my home.
(友達を家によぶのが好きです)

Q6 What did you do last weekend?(先週末は何をしましたか)

解答例 I saw two movies.(映画２本見ました)

I **watch** two movies. も同意ですが、映画館で見る場合はseeを好む人が多いようです。趣味として「映画を見るのが好き」な場合はI like watching movies.が一般的。

Q7 What kind of music do you like?
(どんな音楽が好きですか)

解答例 I like pop music.(ポップ音楽が好きです)

解答例 I like classical music.(クラシックが好きです)

Q8 What type of person are you?
(あなたはどのような人ですか)

解答例 I'm quite easygoing.(とてものんびりしています)

outgoing(社交的)、**introverted**(内向的)など、自分の性格を一言で表せる形容詞はぜひ１つ２つ覚えておきましょう。

Q9 I'm quite outgoing. What about you?
(私はとても社交的です。あなたはどうですか)

解答例 I think I'm also outgoing.
(私も社交的だと思います)

解答例 Well, I'm quite shy.
(そうですね、私はシャイです)

Q10 What do you think about being honest?

ヒント：policy を使ってみよう

Your answer

Q11 What's your nationality?

ヒント：nationality は「国籍」

Your answer

Q12 What's your New Year's resolution?

ヒント：「しなくてはならない」は I need to ～を使おう

Your answer

Q13 What's the time?

ヒント：It's でシンプルに答えよう

Your answer

Q14 What would you like to do if you were super-rich?

ヒント：I'd like to ～を使ってみよう

Your answer

Q10 What do you think about being honest?

(正直であることについてどう思いますか)

解答例 I think honesty is the best policy.（正直が一番だと思います）

What about ～は、「**～はどうか**」という意味合いで、後ろに名詞、動名詞などを続けます。

Q11 What's your nationality? (あなたの国籍は何ですか)

解答例 I'm Japanese. (日本人です)

解答例 I'm American. (アメリカ人です)

日本語では国籍といえば、「日本」「中国」のように国名で答えますが、英語では「**～人**」を表現する形容詞で答えます。

Q12 What's your New Year's resolution?

(新年の決意は何ですか)

解答例 Well, I need to lose some weight!

(私は少し体重を減らさないと)

Q13 What's the time? (今何時ですか)

時間の聞き方には、他に**Do you have time?**もよく使われます。

解答例 It's 10:45. (ten forty-five/ a quarter to 11).

(10時45分です)

Q14 What would you like to do if you were super-rich? (超お金持ちだったら、何をしたいですか)

解答例 I'd like to travel around the world.

(世界中を旅したいです)

What **would** you like... で聞かれているので、**I would like to...** または **I'd like to...** で答え始めましょう。

面接対策にもなる！

やってみよう！　もしも…のQ&A会話

ここらでちょっとブレイク！「もしも〇〇なら…」という仮定の質問に答えてみましょう。実はこの練習は、面接テスト対策にも有効です！

Q **What would you do**, if you were President?
（もし、あなたが大統領だったら、何をしますか）

解答例 **I would** try to boost the economy.
（経済を良くしようとするでしょう）

✓ What would you do... と聞かれているので、答える場合も I would... の形を使うようにしましょう。If you were President, what would you do? と、if から始めても同じ内容となります。

Q If you were me, **what would you do**?
（もし、あなたが私だったら、どうしますか）

解答例 **I would** talk with her honestly.
（正直に彼女と話すでしょうね）

✓ if you were me（もしあなたが私だったら）の部分は、同様の意味で、if you were in my shoes や if you were in my position などもよく使われます。

TRY! やってみよう！

下の絵を見ながら、２つの質問に答えてみましょう。

Q1 If you were the woman, what would you be thinking?
Q2 If you were the boss, what would you be thinking?

質問と解答例

Q1 If you were the woman, **what would you be thinking**?
（もしあなたがこの女性なら、何を考えるでしょう）

解答例 **I'd be** thinking that's not only his fault. It's not fair—we are all responsible for that.
（彼だけの責任ではないと思っているでしょう。不公平だ、私たち全員に責任がある、と）

解答例 **I'd be** thinking he's been too lazy, so no wonder he made a bad mistake. He should be more professional.
（彼は怠け過ぎていたので、大失敗をしても不思議はない。もっとプロらしくしないと、と思っているでしょう）

Q2 If you were the boss, **what would you be thinking**?
（もしあなたがこの上司なら、何を考えるでしょう）

解答例 **I'd be** thinking how can he make this kind of mistake. He should be concentrating more when working.
（どうしたらこんなミスを犯すのかと考えているでしょうね。仕事中はもっと集中すべきだと）

解答例 **I'd be** thinking I strongly hope he' s learning a lesson from this mistake and he' ll never let me down again.
（彼がこの失敗から学んで、二度と私をがっかりさせないでほしいと思っているでしょう）

重要ポイント！

☞ What would you be... と質問されていますので、**I'd be...** の形で答え始めることが重要です。特に英語の面接試験などでは、I'd be... で答えず、例えばI'm thinking や、I think などから始めてしまうと減点になります。**相手の質問を正確に捉えることは、コミュニケーションではとても重要**なことなのです。

☞ I'd be thinking... と、すぐに言い始めることができたでしょうか？

これも超重要だからしっかり特訓！

「誰？(who)」で始まるいろんな疑問文

who が主語になる疑問文①

Who said such a thing?

誰が　言った　そのようなことを

✔「誰がそんなことを言ったのですか」というこの疑問文の中で、**who は主語**になっています。

Bob **did**.（ボブです）

✔ **Bob.** だけでも答えになりますし、また **Bob said so.**（ボブがそう言ったんです）なども答えになります。

who が主語になる疑問文②

Who did what?

誰が　した　何を

✔「誰が何をしたって？」という、よく聞こえなかった、内容を理解できなかった、あるいは驚いて聞き返す場合にもよく使われる表現です。

Bob passed the exam.（ボブが試験に合格しました）

✔ who（ボブ）と what（試験に合格した）に対し返事をしています。この質問に対し、**You heard me.** といえば、「聞こえたでしょう」という意味で、場面によっては「**さっさと言われた通りに行動しなさい**」などの意味合いになります。

「5W1H」の疑問詞のうち、これまた会話で非常によく使う who（誰）について、集中特訓しましょう！ まず、Who？と言うだけで「誰（ですか）?」「誰が？」などの意味合いを表現できます。

who が主語になる疑問文③

Who is meeting Jane at the airport?

誰が　出迎える　ジェインを　空港にて

✔「誰が空港でジェインを出迎えるのですか」。この文の is meeting のように、**be 動詞＋～ing** の形は、**近い未来の予定**を表現します。

I heard Thomas **is picking** her up.
（トーマスが迎えに行くそうです）

✔ pick up は「車で人を拾う」という意味合い。基本は Thomas is meeting her there.（トーマスがそこで彼女に会います）ですが、この答えは「トーマスが車で迎えに行くと人から聞いた」と伝えています。

who が補語になる疑問文①

Who's that?

誰　です　あれ

✔「あれは誰ですか」**that = who**（人）の関係です。

She's **Helen**, director of human resources.
（彼女はヘレンです、人事部長の）

who が補語になる疑問文②

Who are they?
誰　です　彼らは

✓「あの人たちは？」と、複数名のことを聞く場合には、**be 動詞も主語も複数**にしましょう。

I heard **they are** from the headquarters.
（本部の人たちだそうです）

✓ これは**大勢いて、名前を知らない場合**の答え方の例です。もし２～３人で、名前を知っている人たちの場合は、The woman in black is Helen, and...（黒い服の女性はヘレンで…）のように、具体的に答えることもできます。

who を使った決まり文句

Who do you think you are?
誰　あなたは　思う　あなたは ~である

✓「自分を誰だと思っているのですか」つまり「**何様のつもりだ**」という意味合いで使われる表現です。do you thinkがWho are you？の間に入ったので、語順が you are となります。**答えは状況によりいろいろ**考えられます。

Oh, don't get me wrong.（あ、誤解しないでください）

who が目的語になる疑問文

Who do you want to see most?

誰に　あなたは　会いたい　いちばん

✔「誰にいちばん会いたいですか」。例えば「両親に会いたいですか」と聞く場合、Do you want to see your parents? となり、この your parents の部分を who として文頭に出して、疑問文を作ります。

My cats.（私の猫達です）

✔ **I want to see my cats the most.** が丁寧な答え方ですが、このように who の部分だけを答えることも可能です。

▶▶▶▶ Step 1

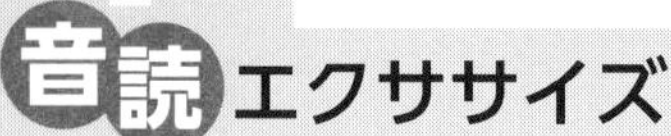

文の内容を意識しながら５回ずつ音読しましょう。

1

Who? Me?（誰ですか？　私？）

✔ 自分に言われているのかどうかを確認する場合の表現ですが、状況によっては「**私が？　全然そんなことない**」といった意味合いになることも。

✔ また Someone couldn't stop yawning during the lecture.（講義の間、あくびを止めることができなかった人もいたよ）⇒ **Who? Me?（私のこと？）** のように応答にも使われます。

Yes, you, in white.
（はい、あなたです、白い服を着ている）

2

Who is your favorite athlete?
（好きなスポーツ選手は誰ですか）

I love Jet Peterson.
（ジェット・ピータソンです）

3

Who put these documents on my desk?
（誰がこの書類を私の机に置いたのですか）

Jimmy **did**.
（ジミーです）

✔ 丁寧に答える場合は、**Jimmy put them on your desk.** となります。

4

Who do you talk to when you need advice?
（助言が必要な時、誰と話しますか）

I usually talk to my friends.
（たいてい、友達です）

✔ 丁寧に答える場合は、friendsの後に**when I need advice**と付け足します。

5

Who makes the best laptops?
（最高のノートパソコンを作るのは誰ですか？）

✔ この場合のwhoは、日本語で言えば「どこ」「どの会社」の意味合いになります。

A survey says HP does.
（調査によるとHPだそうです）

6

Who'll lead the meeting?
（誰が会議を進行するのですか）

I heard Mr. Santos **will**.
（サントスさんがするそうです）

7

Who's in charge of this project?
（誰がこのプロジェクトの担当者ですか）

Ms. Sato **is**.
（サトウさんです）

8

Who's been appoint**ed** as vice president?
(誰が副社長に任命されたのですか)

Mr. Johnson **has**.
(ジョンソンさんです)

9

Who's there? (そこにいるのは誰ですか)

It's me. (私です)

10

Who'll be join**ing** us for lunch?
(誰が一緒にランチに来るのですか)

Mr. Swain and his friends.

(スウェインさんと彼の友達です)

11

Who wrote this memo?
(誰がこのメモを書いたのですか)

I **did**. Why?
(私です。何故ですか)

✔ 英語の「メモ（memo/memorandum）」は、日本語の「個人的なメモ」と異なり、**社内や社員間で回覧**したり**会議の時に配布**したりすることもある文書です。

12

Who does your brother **work for**?
(あなたの弟さんはどちらに勤めておられますか)

✓ 誰のために働いているか⇒どこに勤めているかという意味合いで、個人名だけではなく会社で仕事をしている場合にも使えます。また少数派ですが、who ではなく whom を使う人もいます。for A（A のために）と目的語部分であるため、who の目的格 whom を使うのが正しい文法ですが、**現実には whom はあまり使われなくなってきています。** *For Whom the Bell Tolls*（邦題：誰がために鐘は鳴る）はヘミングウェイの小説の題名です。

He **works for** Mtech.
(エムテックに勤めています)

13

Who's calling, please?（どちら様ですか）

✓ **May I ask who's calling?** も。

This is Mr. Saito from Mtech.
(エムテックのサイトウと申します)

✓ 会社名が必要ない場合であれば、**This is Saito speaking.** などもよく使われる応答です。

14

Who do you think the next President will be?
(次の大統領は誰だと思いますか)

I don't know—maybe Ted Wilson.
(わからないけど、多分テッド・ウイルソンかな)

次はディクテーションだよ！
赤シートを次のページにはさんでおいてね！
(右のページを隠すよ！)

Step 2

聞いて&書く! エクササイズ

音声を聞き、空所に入る語句を書き取ってみましょう。
正解は右のページにあります。

1

Q ( ) me at the station?

A ( ).

2

Q ( ) see about this project?

A Alison ( ) it.

3

Q ( ) the welcome party for Jamey?

A I think ( ).

4

Q ( )?

A ( ).

答え合わせをしたら、音声と一緒に音読し、慣れてきたら、
本を閉じてシャドーイングをしましょう！

1

Q Who'll meet me at the station?
（誰が私を駅に迎えに来てくれますか）

A Chris will.
（クリスです）

2

Q Who should I see about this project?
（このプロジェクトについて誰に会うべきでしょうか）

A Alison is in charge of it.
（アリソンが担当者です）

「だからアリソンに会え」という意味の応答。もちろん、
(You should see) Alison. という答え方もできます。

3

Q Who's planning the welcome party for Jamey?
（ジェイミーの歓迎会を計画しているのは誰ですか）

A I think Peter is.
（ピーターだと思います）

4

Q Who did this?
（誰がこれをしたのですか）

A Roger did.
（ロジャーです）

「ロジャーがした」という応答です。

DAY 4

DAY 7

BONUS ②

5 **Q** ( ) the best player is?

A In my opinion, Merissa's ( ).

6 **Q** ( ) to talk with most when you are feeling down?

A Kenta—( ).

7 **Q** ( ) invited to their wedding ceremony?

A ( ) their friends and ( ).

5 **Q** Who do you think the best player is?
（誰が最高の選手だと思いますか）

do you think が間に入っていますが、一番聞きたいことは **Who is the best player?** です。

A In my opinion, Merissa's been doing great.
（私が思うに、メリッサがよくやっています）

6 **Q** Who would you like to talk with most when you are feeling down?
（落ち込んだ時、誰と一番話したいですか）

A Kenta—my best friend.
（ケンタ、私の親友です）

7 **Q** Who'll be invited to their wedding ceremony?
（彼らの結婚式に誰が招待されるのでしょうか）

A Mostly their friends and relatives.
（主に、彼らの友達と親戚です）

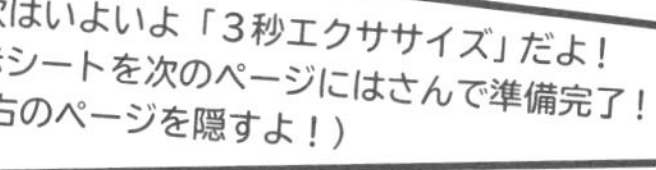
次はいよいよ「3秒エクササイズ」だよ！
赤シートを次のページにはさんで準備完了！
（右のページを隠すよ！）

Step 3

3秒エクササイズ

英語での質問に、3秒以内に答え始める練習をしてみましょう！
本を閉じて音声を聞いて答えるのが理想的ですが、
読んで答えを書いて音読するところから始めるのも良い方法です。

Q1 Who's your favorite actor?

ヒント： acting や super などを使ってみよう

Your answer ➡ --

Q2 Who'll be joining you for dinner?

ヒント：「Tim（ティム）と妻が」と答えてみよう

Your answer ➡ --

Q3 Who was the best student in your class?

ヒント：「髪の長い少女」など、特徴を添えてみましょう

Your answer ➡ --

Q4 Who often visits you?

ヒント：「人名 , 立場 , does.」で表現できます

Your answer ➡ --

自分には関係ないと感じる質問もあるかもしれませんが、英語の練習と割り切って、すぐに答え始める練習をしましょう。モデル解答と解説をチェックしたら、音声を聞いて、真似をして言ってみましょう！

Q1 Who's your favorite actor?
（あなたの大好きな俳優は誰ですか）

解答例 Susan Bright. Her acting is super.
（スーザン・ブライトです。彼女の演技は抜群です）

Q2 Who'll be joining you for dinner?
（夕食に誰がやってくるのですか）

解答例 Tim and his wife.
（ティムと奥さんです）

Q3 Who was the best student in your class?
（あなたのクラスでは誰が一番優等生でしたか）

解答例 Hana—do you remember a girl with long hair?
（ハナです。髪の長い女の子を覚えていますか）

解答例 There were many good students in my class. You know it was a prestigious school.
（クラスには大勢優等生がいました。名門校でしたから）

Q4 Who often visits you?
（誰がよく訪ねてきますか）

解答例 Kate, my daughter, does.
（娘のケイトです）

Q5

Who would you like to share good news with?

ヒント：シンプルに「家族と」と言ってみよう

Your answer

Q6

Who do you trust most?

ヒント：「パートナーです」とシンプルに答えてみよう

Your answer

Q7

Who do you want to invite to celebrate your birthday?

ヒント：a couple of を使ってみよう

Your answer

Q8

Who told you the story?

ヒント：「うわさで」という表現を考えてみよう

Your answer

Q9

Who makes the best *okonomiyaki* around here?

ヒント：That would be ... を使ってみよう

Your answer

Q5 Who would you like to share good news with?
(良い知らせは誰と分かち合いたいですか)

share (good) news with で「(良い) 知らせを分かち合う、知らせる」

解答例 With my family.
(家族です)

Q6 Who do you trust most? (あなたは誰を一番信用していますか)

解答例 My partner. (私のパートナーです)

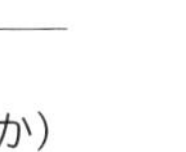

partner は、仕事上の仲間や、配偶者などを意味し便利です。反面、**My partner, I mean, Ted.** (パートナー、つまりテッドです) などのように説明する必要がある可能性も。

Q7 Who do you want to invite to celebrate your birthday? (あなたの誕生日を祝うのに、誰を招待したいですか)

解答例 Well, just a couple of friends. (そうですね。友達を何人か)

解答例 I'll give you the list. (リストを渡します)

大勢招待客がいて秘書と話している場合など。

Q8 Who told you the story? (誰があなたにその話をしたのですか)

解答例 Lisa did. (リサです)

解答例 I heard it through the grapevine. (うわさで聞きました)

through 以外に **over** や **via** も使われます。

Q9 Who makes the best *okonomiyaki* around here? (この辺りで最高のお好み焼きを作るのは誰ですか)

解答例 That would be my mum.
(それは私の母親でしょうね)

Q10 Who's ready for dessert?

ヒント：シンプルに答えてみよう

Your answer →

Q11 Who do you think the next prime minister will be?

ヒント：nobody を使って「いない」と言ってみよう

Your answer →

Q12 Who did you talk to on the phone?

ヒント：答えるにも talk to ～を使いましょう

Your answer →

Q13 Who's in charge of your family budget?

ヒント：シンプルに答えてみよう

Your answer →

Q14 Who do you respect most?

ヒント：人物名を言うだけでもＯＫです

Your answer →

Q10 Who's ready for dessert? (デザートがいる人は？)

Who is ready... (準備ができているのは誰ですか)、という趣旨の疑問文なので、基本としてはI am. で答えます。複数人いて、誰かが代表で答える場合は **We (all) are.** も可能。

解答例 I am. (私です)

Q11 Who do you think the next prime minister will be? (次期総理大臣は誰だと思いますか)

解答例 I think Mr. Sato will. (サトウ氏かなと思います)

解答例 Nobody is good enough. (いい人いないですね)

Nobody is good enough **to be the next prime minister.** (次期総理大臣になるだけの十分に良い人はいない) を短くしたものです。

Q12 Who did you talk to on the phone?
(電話で誰と話していたのですか)

解答例 I talked to my sister. (妹と話していました)

To my sister. だけでもOKです。talk to の部分は、**talk with** もよく使われます。ほぼ同意と考えて良いでしょう。

Q13 Who's in charge of your family budget?
(家計は誰が預かっているのですか)

解答例 My mother [father/parent] is. (母［父／親］です)

「家計」は household budget や domestic finance などの語句で通じますが、これらを使わず、例えば「家計が苦しい」は My family **is on a tight budget**. や、My family **is financially struggling**. などのように表現できます。

Q14 Who do you respect most? (一番尊敬しているのは誰ですか)

解答例 Mother Teresa. (マザー・テレサです)

I respect Mother Teresa most. のように答えてもOK。

これも覚えよう！

よく使う&便利！ 疑問詞さらに深掘り！

ここらでちょっとブレイク！ who の仲間で是非マスターしたいものに、「誰の?」を意味する疑問詞 whose があります。また、what to や how to... などの、覚えておきたい疑問詞＋ to の形を見ていきましょう！

疑問詞 whose

whose は疑問文で「誰の」「誰のもの」という意味合いで使うことができます。よく使われる日常表現を見ていきましょう。

Q **Whose** book is this?
誰の 本 これは

✔「これは誰の本ですか」

✔ この場合、whose は「誰の」という意味で、「本」を修飾しています。

解答例 **That's Amy's (book).**
（それはエイミーの（本）です）

Q **Whose** books are these?
誰のもの 本 これらは

✔「これらは誰の本ですか」

解答例 **They are mine.**
（私のです）

✔ mine は「私のもの」という意味で、この例では mine = my books となります。よって、mine books とは言わないので注意しましょう。

TRY! **ちょっと練習してみましょう！**

Q1 Whose bag is this?（これは誰のバッグですか）

A1 That's mine. / That's my bag.（私のです）

Q2 Whose shoes are these?（これは誰の靴ですか？）

A2 Those are Kevin's.（ケヴィンのです）

疑問詞＋ to 不定詞 の便利な表現

疑問詞と to 不定詞を使う便利な表現も見ておきましょう。ぜひ会話に役立ててください。

how＋to＋動詞の原形　どのように～するか＝～する方法、～の仕方

✓「ハウツー本」などの日本語でも馴染みのある how to... です。

例 I will show you **how to make** it.
（それの作り方をお見せしましょう）

what＋to＋動詞の原形　何を～するか＝ ～する（べき）もの（こと）

例 He taught us **what to do** next.
（彼が私たちに、次にすることを教えてくれました）

where＋to＋動詞の原形　どこに～するか＝ ～する場所

例 We haven't decided **where to go** in the United States.
（私たちは、合衆国の中でどこへ行くかはまだ決めていません）

when＋to＋動詞の原形　いつ～するか＝ ～する時

例 Tell me **when to start**.
（始める時を言ってください）

✓ ちなみにコーヒーにミルクを入れてくれる人が Tell me when. と言うと「良い時に言ってください」という意味で、"When." と答えると、「ミルクはそれで結構です」という返事になります。

whether＋to＋動詞の原形　～するかどうか

例 I don't know **whether to allow** my daughter's car trip.
（娘の自動車旅行を許すべきかどうか、わからない）

引き続き超重要！ だからしっかり特訓！

「どう？(how)」で始まるいろんな疑問文

まずはここから！

How are you?

どう　です　あなたは

✓ あいさつでいちばんよく使う「**調子はどうですか**」ですが、直訳すれば、「あなたはどのようだ？」と聞いている表現です。

I'm fine, thank you.（元気です、ありがとう）

✓ **基本の答え方**です。省略して **Fine, thanks.** もよく使われます。

手段を尋ねる

How did you come here?

どう　した　あなたは　来る　ここに

✓「今日はどのようにして来たのですか」と、**交通手段を聞く**表現です。

By train.（電車です）

✓ 全文を言う場合は **I came here by train.** となります。

「5W1H」の疑問詞のうち、会話で非常によく使う how（どう）について、集中特訓しましょう！ まず、How?と言うだけで「どのように？」と質問することができます。手段（方法）、経緯などを質問する以外に、他の語と一緒に用いて多様な質問をすることができます。

様子や気分を尋ねる

How was the trip to Mexico?

どう　でした　その旅行は　メキシコへの

It was a lot of fun.（とても楽しかったです）

How do you feel about it?

どう　あなたは　感じる　それについて

I feel really happy.（とても幸せです）

✔ How do you think... とは言わないので注意！

＋形容詞・副詞でいろいろ質問！① 数を尋ねる

How many employees does Disney have?

どのぐらい　多い数　従業員　ディズニーは　持つ

✔ 日本語では「ディズニーには何人の従業員がいますか」です。**How many?** だけでも、話の状況によっては、数を質問していることがわかります。

I heard **more than** 200,000.
（20万人以上だそうです）

＋形容詞・副詞でいろいろ質問！② 量を尋ねる

How much is it?

どのぐらい 多い ですかそれは

✔ **不可算名詞**（雨や時間など）の量を尋ねるには **much** を使います。ちなみに「値段はいくらですか」と聞きたい場合、How much is the price? は、文法的には誤りとは言えませんが、通常 **What's the price?** が使われます。

It's 9,800 **yen**.（9,800円です）

＋形容詞・副詞でいろいろ質問！③ 速さを尋ねる

How fast can you type?

どのぐらい 速い できる あなたは タイプする

✔ 日本語では「どのくらいの速さでタイプできますか」。

Just around 40 **words per minute**.
（1分間で40語程です）

＋形容詞・副詞でいろいろ質問！④　どうでしょうと提案する

How about a short trip to Okinawa?

どう　～について　短い旅行　沖縄への

✔ 日本語では「沖縄への小旅行はどうでしょう」。How about ～？は、**提案**などに使える表現です。

Sounds great!（良いですね！）

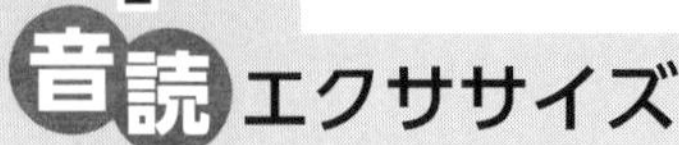

文の内容を意識しながら5回ずつ音読しましょう。

1

How many cars do you have?
(車を何台持っていますか)

✔ 車好きな方への質問だと想像してください。

I have two cars.
(2台持っています)

2

How much did it cost?
(これはいくらしたのですか)

About 500,000 **dollars**.
(約50万ドルです)

✔ 数字の読み方もマスターしましょう。

3

How come? (どうして)

✔ How come? は **Why? と同意**です。Why? より子供っぽい、柔らかい口調になる、などと言われています。何れにしてもフォーマルな場面では why を使う方が無難なようです。

I overslept. (寝坊したのです)

4

How would you like your steak?
(ステーキはどのように焼きましょうか)

I'd like it well done, please.
(ウェルダンでお願いします)

5

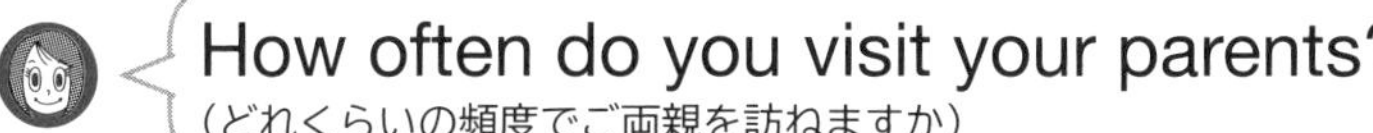
How often do you visit your parents?
(どれくらいの頻度でご両親を訪ねますか)

Two or three **times** a month.
(月に2～3度です)

6

How may I help you?
(いらっしゃいませ)

✓ 店員が客に声をかける時の決まり文句です。

I'm looking for something nice for my nephew.
(甥っ子に、何か良いものを探しています)

7

How was the exam? (試験はどうでしたか)

It was tough. (難しかったです)

8

How did it happen?
(それはどのように起こったのですか)

It's a long story, so I'll tell you about it later.
(話せば長くなりますので、後で話しますね)

✓ これは**詳しいことを話したくない場合**にも使える便利な表現です。

DAY 1 DAY 2 DAY 3 DAY 4 **DAY 5** DAY 6 DAY 7 DAY 8 DAY 9 DAY 10 BONUS ① BONUS ②

9

How can I get there?
（そこへはどのようにして行けますか）

I'll show you the way.
（ご案内しましょう）

10

How did you two get to know each other?
（あなた方は､最初はどのように知り合ったのですか）

We first met at the café.
（カフェで会いました）

11

How much time do we still have?
（時間、まだどれくらいあるでしょうか）

About thirty **minutes**.
（30分くらいです）

12

How could you do that to me?
（よくもそんなことを私にできましたね）

✓ 「**ひどい**」と**相手を責める**場合に使われる表現です。

✓ 場面によっては、「どのようにしてできたの」と尋ねる場合もあります。

Sorry, I didn't mean to.
（ごめんなさい、そんなつもりではなかったのです）

13

How have you been?
（どうしていましたか）

I've been fine. You?
（元気です。あなたは）

14

How did your presentation go?
（プレゼンはどうでしたか）

✓ **How was your presentation?** も同意。

I think it was OK.
（大丈夫だったと思います）

DAY 2

DAY 3

DAY 4

DAY 5

DAY 7

次はディクテーションだよ！
赤シートを次のページに
はさんでおいてね！
（右のページを隠すよ！）

▶▶▶▶Step 2

聞いて&書く! エクササイズ

音声を聞き、空所に入る語句を書き取ってみましょう。
正解は右のページにあります。

1

Q ( ) would you like?

A ( ) please.

2

Q ( ) is it from Osaka to Tokyo?

A About ( ).

3

Q ( ) weather today?

A Sunny, but ( ).

4

Q ( ) know I've wanted this?

A ( ) you liked it.

答え合わせをしたら、音声と一緒に音読し、慣れてきたら、本を閉じてシャドーイングをしましょう！

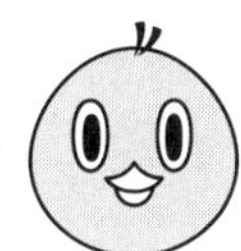

1

Q How much sugar would you like?
（砂糖はどれくらいが良いですか）

A Just one please.
（１つだけください）

2

Q How far is it from Osaka to Tokyo?
（東京から大阪はどれくらいの距離ですか）

How far ～？は**距離**を尋ねる表現です。

A About 500 km.
（約500㎞です）

3

Q How's the weather today?（今日、天気はどうですか）

天気予報のことを聞いたり、窓がない部屋から人に外の様子を聞く場合に使えます。離れている場所のことで「そちらの天気はどう？」と聞く場合は、**What's the weather like?** をよく使います。

A Sunny, but partly cloudy.（晴れ時々曇り、です）

4

Q How did you know I've wanted this?
（これを欲しかったって、どうしてわかったのですか）

プレゼントをもらった時に使える表現の1つです。

A I'm glad you liked it.（喜んでもらえて嬉しいです）

もちろん、**I remembered you were talking about it.**（そのことについて話していたのを覚えていました）と、なぜ知っていたかを説明してもOK。

5 Q (　　　　　　　　) do you know Mark?

A (　　　　　　　　　　　) since we were kids.

6 Q (　　　　　　　　　) a drink tonight?

A (　　　　　　　　　　).

7 Q (　　　　　　　　　　) these shoes?

A They are (　　　　　　　) yen.

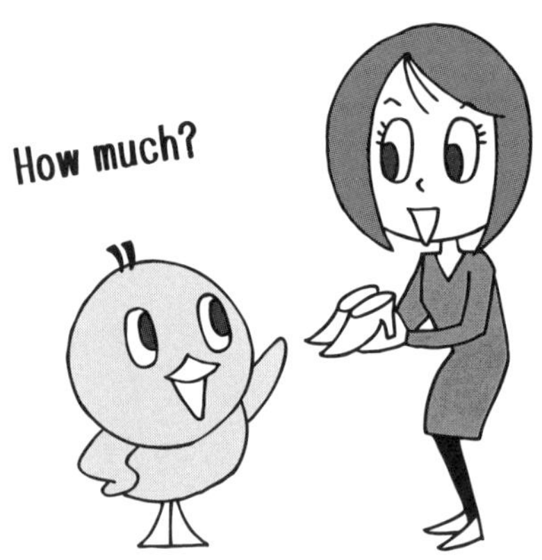

5 **Q** How well do you know Mark?
（マークをどれくらい良く知っているのですか）

A We've been friends since we were kids.
（子供の頃からの友達なのです）

---

6 **Q** How about a drink tonight?
（今夜一杯いかがですか）

提案をするHow about～？です。

A Sounds great.
（良いですね）

---

7 **Q** How much are these shoes?
（この靴はいくらですか？）

A They are 13,800 yen.
（13,800円です）

次はいよいよ「3秒エクササイズ」だよ！
赤シートを次のページにはさんで準備完了！
（右のページを隠すよ！）

Step 3

3秒エクササイズ

英語での質問に、3秒以内に答え始める練習をしてみましょう！
本を閉じて音声を聞いて答えるのが理想的ですが、
読んで答えを書いて音読するところから始めるのも良い方法です。

Q1 How tall are you?

ヒント：「約～」は about を使いましょう

Your answer→ --

Q2 How was your weekend?

ヒント：relaxing を使ってみよう

Your answer→ --

Q3 How soon can you finish the proposal?

ヒント：earliest を使って「早くても～」という表現をしてみよう

Your answer→ --

Q4 How many books did you read last month?

ヒント：「専門誌」は journal です

Your answer→ --

自分には関係ないと感じる質問もあるかもしれませんが、英語の練習と割り切って、すぐに答え始める練習をしましょう。モデル解答と解説をチェックしたら、音声を聞いて、真似をして言ってみましょう！

Q1 How tall are you?（身長はどれくらいですか）

解答例 I'm about 190 cm.（約190㎝です）

直訳すれば「あなたはどのくらいの高さか」と聞いているので、**身長**を聞く表現になります。ただ、**初対面**の方に聞く場合は**注意が必要**で、**May I ask** などをつけるか、**You are very tall.**（とても背が高いですね）など話の流れを作ってから聞くようにしましょう。

Q2 How was your weekend?
（週末はいかがでしたか）

解答例 It was relaxing, thanks.
（リラックスできました。ありがとう）

Q3 How soon can you finish the proposal?
（この提案書をどれくらいすぐに終えられますか）

解答例 On Friday, at the earliest.
（早くても金曜日です）

Q4 How many books did you read last month?
（先月何冊の本を読みましたか）

解答例 Four or five.（4～5冊です）

解答例 I read a couple of journals, but no books.
（専門誌を何冊か読みましたが、本は一冊も読んでいません）

Q5

How old are you?

ヒント：guess を使って「当ててみて下さい」も言ってみよう

Your answer

Q6

How come you were late for the meeting?

ヒント：stuck を使って「交通渋滞」が原因と答えてみよう

Your answer

Q7

How much time do you have?

ヒント：「～分後には出なくてはならない」と答えてみよう

Your answer

Q8

How hard was the exam?

ヒント：「誰も自信がない」という表現も考えてみよう

Your answer

Q9

How many countries have you visited?

ヒント：「～以上」は more than を使おう

Your answer

Q5 How old are you?（あなたはおいくつですか）

How old are you? は、**子供以外には聞かないよう**にしましょう。親しい大人（特に中年以上）に対しては、最近では How **young** are you? という聞き方も。

解答例 I'm forty (years old).（40歳です）

解答例 Guess how young I am.（どれくらいか当ててみてください）

Q6 How come you were late for the meeting?
（なぜ会議に遅れたのですか）

解答例 I got stuck in traffic.
（交通渋滞に巻き込まれました）

Q7 How much time do you have?
（どれくらいお時間ありますか）

解答例 I have to leave in 10 minutes.
（10分後には出なくてはなりません）

Q8 How hard was the exam?（試験はどれくらい難しかったですか）

How was the exam? と違い、難しい試験であることを知っていて、その難しさについて質問しています。

解答例 Nobody's confident this time.（今回は誰も自信がないです）

Q9 How many countries have you visited?
（何カ国に行きましたか）

解答例 12 countries.（12カ国です）

解答例 More than 40.（40カ国以上です）

解答例 I've never been abroad.（外国には行ったことがありません）

Q10 How should I start my presentation?

ヒント：「概要」は outline を使いましょう

Your answer

Q11 How about going out for dinner?

ヒント：まずはシンプルに賛成してみよう

Your answer

Q12 How do you like your coffee?

ヒント：まずは自分の好みを言えるようになろう

Your answer

Q13 How much money did you spend on the picture?

ヒント：「ただ同然で」は for almost nothing を使いましょう

Your answer

Q14 How did you like New York?

ヒント：シンプルに「魅力的だった」と、まずは言ってみよう

Your answer

Q10 How should I start my presentation?
(どのようにプレゼンを始めるべきでしょうか)

解答例 How about giving the outline? (概要を述べてはどうですか)

相手がHow should I... と聞いているので、もちろん **You should give the outline.** としても良いのですが、How about... と**柔らかく提案**してみるのも良いでしょう。

Q11 How about going out for dinner?
(夕食は外食するのはどうでしょう)

解答例 That's a good idea. (いい考えですね)

解答例 Well, I'd rather stay at home and eat something light watching TV.
(そうですね、私は家にいて、テレビを見ながら何か軽いものを食べたいです)

Q12 How do you like your coffee?
(コーヒーはどのようにしましょうか)

解答例 White, please. (ミルク入りで)

解答例 Black, please. (ブラックで)

解答例 With milk and sugar, please.
(ミルクと砂糖入りでお願いします)

Q13 How much money did you spend on the picture? (その絵にいくら使ったのですか)

解答例 To tell you the truth, I got it for almost nothing.
(実は、ただ同然で手に入れたのです)

解答例 This was a gift from my grandmother.
(祖母からの贈り物なのです)

Q14 How did you like New York?(ニューヨークはいかがでしたか)

解答例 It was fascinating! (魅力的でした!)

How did you find ~ ? も同意です。応答は、**I found it amazing.** も同意です。

助動詞登場！ 可能性から依頼まで

canとcouldを使った疑問文

基本中の基本・できるかどうか尋ねる

Can you swim?

できる あなたは 泳ぐ

✓ 日本語では「泳げますか」。**〈助動詞⇒主語〉**という順番になることに注目！

Yes, I **can**. (はい) / No, I **can't**. (いいえ)

✓ 答える場合は、Yes や No の後に、**主語＋助動詞の順番に戻します。**

会話で頻出！ 依頼表現

Can I have water?

できる 私は 持つ 水を

✓ この場合、水を持つことができるかという能力を質問しているのではなく、相手に対し「水をもらえるか」と**依頼**していることになります。

Of course. (もちろんです)

ここからは、助動詞を使った疑問文にどんどん答えていきましょう！can の基本的な役割は、動詞の前に置いて「～できる」という意味を表すことです。これを疑問文で使うことで、「～できますか？」と尋ねる以外に、「～していただけますか」という依頼の意味で使うこともできます。

よりていねいな依頼表現！

Could you get me something to drink?

できますか　あなたは　得る　私に　何かを　飲むための

✓ 日本語は「何か飲むものをいただけますか」。could は can の過去形で、「**～できた**」という意味以外に、Could you...? の形で**丁寧な依頼を表現**できます。これはパーティーなどで食べ物を持って来て欲しい時に使える表現です。

Sure, just a second.
（もちろん、少し待っててください）

✓「少し待っていてください」は他に、**Wait a minute[moment].** なども使われます。second は、**sec** とだけ言う人もいます。

文の内容を意識しながら５回ずつ音読しましょう。

1

Can you play the piano?（ピアノを弾けますか）

I used to, but I lost my touch.
（かつては弾きましたが、今は腕が鈍りました）

✔ used to...（以前は～した）、lose one's touch（腕が鈍る）

2

Can your daughter speak 2 languages as well?（娘さんも２ヶ国語を話せるのですか）

Yes, but she is not as fluent as I am.
（はい、ですが私ほど流暢ではありません）

3

Can I have your autograph?
（サインをいただけますか）

Of course, what's your name?
（もちろんです、お名前は？）

✔ サインをしてくれる人が「○○さんへ」と書くために、頼んでいる人の名前を聞いています。

4

Could you finish translating this by tomorrow?
（この翻訳を明日までに終わらせていただけますか）

Sure! I'll email it to you when I'm done.
（いいですよ。終わったらそれをメールしますね）

5

Could you get me something to eat at McDonalds?
（マクドナルドで何か食べるものを買って来てもらえますか）

✓ **丁寧な表現**の could です。

No, you're eating too much fast food these days.
（いえ、あなたはここのところファスト・フードばかり食べ過ぎです）

6

Could there be life on Mars?
（火星には生命体がいるでしょうか）

✓ ここで使われている could は**可能性**を表現しています。

Maybe, but the possibilities are low.
（いるかもしれないですが、可能性は低いでしょう）

7

Could you call me back?
（折り返し電話いただけますか）

Certainly. When is convenient?
（もちろんです。いつがご都合良いですか）

✓ これは**詳しいことを話したくない場合にも使える**便利な表現です。

次はディクテーションだよ！
赤シートを次のページに
はさんでおいてね！
（右のページを隠すよ！）

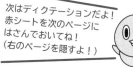

▶▶▶▶Step 2

聞いて&書く! エクササイズ

音声を聞き、空所に入る語句を書き取ってみましょう。
正解は右のページにあります。

1

Q (　　　　　　　　　　) possibly wait a moment?

A I'm sorry, but I really (　　　　　　　　) now.

2

Q (　　　　　　　　) use this room?

A Actually, Mr. Patterson (　　　　　　　　) in 10 minutes.

3

Q (　　　　　　　　　　) another cup of coffee?

A Sure, (　　　　　　　　　　　　).

4

Q (　　　　　　　　　　) you?

A (　　　　　　　　　　　　), thank you.

答え合わせをしたら、音声と一緒に音読し、慣れてきたら、本を閉じてシャドーイングをしましょう！

1 **Q** Could you possibly wait a moment?
（待っていただけますか）

丁寧な依頼 

A I'm sorry, but I really have to go now.
（申し訳ないのですが、本当に今は行かなくては）

2 **Q** Can I use this room?（この部屋を使ってもいいですか）

許可を求める聞き方。 

A Actually, Mr. Patterson is using it in 10 minutes.（実はパターソンさんが10分後に使います）

No, you can't. はダイレクト過ぎるため、このように**理由**を言えば相手に納得してもらえます。 

3 **Q** Could I have another cup of coffee?
（もう一杯コーヒーをいただけますか）

A Sure, right away.
（はい、ただいまお持ちします）

4 **Q** Can I help you?（お手伝いしましょうか）

店員さんの決まり文句の１つ、Can I help you? は「いらっしゃいませ」「何かお探しですか」などの意味合いです。 

A I'm just looking, thank you.
（見ているところなので、大丈夫です）

答えの方も**客の決まり文句**の１つで覚えておくと便利。 

5 Q Mike, ( ) me a hand?

A Sure. ( )?

6 Q ( ) some batik shirts while you are in Bali?

A Sure, as long as ( ).

7 Q ( ) come to the party?

A I'm sorry I can't ( ).

5 Q Mike, could you give me a hand?
（マイク、手伝ってもらえませんか）

A Sure. What's up?（いいですよ。どうしたのですか）

DAY3 では気軽な挨拶として使われていた What's up? には「**どうしたのですか**」という意味合いも。

6 Q Can you buy me some batik shirts while you are in Bali?
（バリでバティック・シャツを何枚か買ってきてもらえますか）

A Sure, as long as you pay me back.
（いいですよ、後で払ってくれるなら）

as long as ～は「～する限り；～なら」の意味です。

7 Q Can't you come to the party?
（パーティに来られないのですか）

A I'm sorry I can't make it.
（ごめんなさい、行けないんです）

次はいよいよ「３秒エクササイズ」だよ！
赤シートを次のページにはさんで準備完了！
（右のページを隠すよ！）

▶▶▶▶ Step 3

3秒エクササイズ

英語での質問に、３秒以内に答え始める練習をしてみましょう！
本を閉じて音声を聞いて答えるのが理想的ですが、
読んで答えを書いて音読するところから始めるのも良い方法です。

Q1 Can you swim?

ヒント：「平泳ぎ」は breaststroke

Your answer ➡ --

Q2 Can I help you carry the bags?

ヒント：自力でできる場合は manage を使う

Your answer ➡ --

Q3 Can this story be true?

ヒント：can/cannot のシンプルな答えを！

Your answer ➡ --

Q4 Can you hear me well?

ヒント：No の場合、「もう少し声を大きく」リクエストしてみよう

Your answer ➡ --

自分には関係ないと感じる質問もあるかもしれませんが、英語の練習と割り切って、すぐに答え始める練習をしましょう。モデル解答と解説をチェックしたら、音声を聞いて、真似をして言ってみましょう！

Q1 Can you swim? (あなたは泳げますか)

解答例 Yes, I can. (はい、できます) / No, I can't. (いいえ、できません)

解答例 Of course, I can. (もちろん泳げますとも)

解答例 Well, only the breaststroke. (そうですね、平泳ぎだけなら)

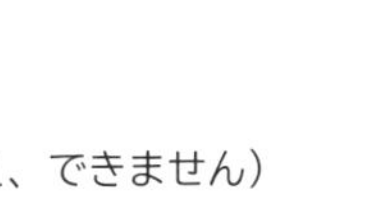

Q2 Can I help you carry the bags?
(バッグを運ぶお手伝いをしましょうか)

解答例 Thank you, that'll be a great help.
(ありがとうございます、助かります)

解答例 Thank you, but I can manage.
(ありがとうございます。でも自分で運べますので)

Q3 Can this story be true? (この話は本当でしょうか)

本当の「**可能性**」があるかどうかcanを使って質問しています。

解答例 Yes, it can be true. (本当の可能性があります)

解答例 No, it cannot be true. (いいえ、本当ではありません)

Q4 Can you hear me well? (ちゃんと聞こえますか)

解答例 Yes, I can. (はい)

解答例 No, I can't. Can you speak a little louder?
(いいえ、もう少し大きな声で話していただけますか)

プレゼンの会場などで「聞こえますか？」と言う場合などによく使われます。複数名いる場合はYes, we can hear you very well. (はい、とてもよく聞こえます) などweで答える場合も。

Q5

Can I borrow this book?

ヒント：「(私が) 読み終えたらね」の答えも考えてみよう

Your answer

Q6

Could you give me a lift to the station?

ヒント：断る場合は I'm sorry, but ... を使おう

Your answer

Q7

Could you tell him to call me back?

ヒント：少していねいな了承の返事も考えよう

Your answer

Q8

Can whales breathe underwater?

ヒント：「息を止める」は hold one's breaths

Your answer

Q9

Can I use this room?

ヒント：「片付ける」は clear away、「～時まで」は until を使う

Your answer

Q5 Can I borrow this book? (この本をお借りできますか)

解答例 Sure, please go ahead. (もちろん、どうぞ)

解答例 Yes, after I have finished it. (読み終えたらどうぞ)

Q6 Could you give me a lift to the station?
(駅まで乗せていただけますか)

解答例 Of course. / Sure. (もちろんです)

解答例 No problem. (問題ありません)

解答例 I'm sorry, but I have to pick up my daughter at five. (ごめんなさい、娘を5時に拾わなくてはいけないんです)

Q7 Could you tell him to call me back?
(折り返し私に電話するよう、彼に伝えてくださいますか)

解答例 Of course. / Sure. / No problem.

解答例 Certainly. (了解しました)

Q8 Can whales breathe underwater?
(クジラは水面下で息ができるのですか)

解答例 No, they can't. (できません)

解答例 I heard they can't breathe underwater.
(クジラは水面下で息ができないそうです)

解答例 No, they are actually holding their breaths for a very long time. (いえ、クジラは実は長時間息を止めているだけなのです)

Q9 Can I use this room? (この部屋を使っても良いですか)

会社などの場面を想像してください。

解答例 Yes, I'll clear away my stuff. (はい、私のものを片付けますね)

解答例 Yes, you can use it until four. Then some managers are having a meeting.
(4時までは使えます。それから部長たちが会議をします)

Q10 Could you help me with this?

ヒント：すぐに手伝える場合の返事を考えよう

Your answer→

Q11 Could I have something cold?

ヒント：I have を使って飲み物の選択肢を与えてみよう

Your answer→

Q12 Could you spare me a few minutes?

ヒント：断る場合、「後で話せるか」とフォローもつけよう

Your answer→

Q13 Can't we do anything to help people in need?

ヒント：「できるかもしれない」は could を使う

Your answer→

Q14 Could global warming get any worse?

ヒント：確信している場合は will を、「～かも」なら would を使う

Your answer→

Q10 Could you help me with this?

（これ、手伝っていただけますか）

「この箱を運ぶのを手伝ってもらえるか」と言いたい場合は、Could you help me **carry this box**? と続けます

解答例 Sure, in a minute. （良いですよ、すぐに行きます）

Q11 Could I have something cold?

（何か冷たいものをいただけますか）

解答例 Sure thing. （もちろんですとも）

解答例 I have orange juice, milk, and water. What would you like?

（オレンジ・ジュースに牛乳、水があります。どれが良いですか）

Q12 Could you spare me a few minutes?

（少しお時間いただけますか）

解答例 Sure, what's up? （良いですよ、どうしたのですか）

解答例 Oh, sorry, I have to leave now. Can we talk later? （悪いのですが、今から出るのです。後で話せますか）

Q13 Can't we do anything to help people in need?

（困っている人たちを助けるために何もできないのでしょうか）

解答例 We could raise money first.

（まずはお金を集めることからできるかも）

Q14 Could global warming get any worse?

（地球温暖化は、悪化するでしょうか）

可能性を示すcouldの使い方です。

解答例 It will only get worse, if we don't work together.

（私たちが力を合わせなければ、悪化するだけでしょう）

これは確信を持った返答で、**It would only get worse, if we didn't work together.** とすれば**少し柔らかい**返答になります。

気配り上手な会話ができる！

shallとshouldの疑問文

何かを提案する

Shall we go?

~ましょうか　我々は　行く

✔ 日本語では「行きましょうか」。Shall we ～？は、何かを**提案**する場合に使われる表現です。

Yes, let's.（そうしましょう）

Could you give me a few more minutes?
（もう少し待っていただけますか）

✔ No の場合は、**No, let's not.** が基本ですが、Shall we go? と聞かれ、もう少し待ってほしい場合などには、このように返事をしましょう。

何かを申し出る

Shall I bring something?

~ましょうか　私は　持ってくる　何かを

✔ 日本語では「何か持ってきましょうか」。
✔ Shall I ～？は、「自分が～しましょうか」と**申し出る**場合の表現です。

Yes, please.（お願いします）

No, thank you.（いえ、大丈夫ですよ）

助動詞の疑問文第二弾は shall と should です。映画のタイトル Shall we dance? にも使われた shall は、「～しませんか」と相手の気持ちを尋ねる表現です。過去形の should は「～すべきだ」が基本的な意味になります。

すべきかどうか尋ねる

Should we give up the plan?

～べきか　我々は　あきらめる　そのプランを

✔ 日本語では「このプランをあきらめるべきでしょうか」

Yes, we **should.** (そうですね)

No, we **shouldn't.** (いいえ、あきらめるべきではないです)

すべきかどうか尋ねる

Should I come earlier?

～べきか　私は　来る　より早く

✔ 日本語では「もっと早く来るべきでしょうか」

Yes, I think you **should.**
(そうですね、そうすべきだと思います)

No, don't worry. (いえ、大丈夫ですよ)

Step 1

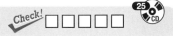

文の内容を意識しながら5回ずつ音読しましょう。

1

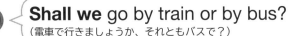

Shall we go by train or by bus?
(電車で行きましょうか、それともバスで?)

Let's take the train.(電車にしましょう)

Either is fine. (どちらでも良いです)

2

Shall I write it down? (書きましょうか)

Yes, **please.** (お願いします)

No, **that won't be necessary**.
(いえ、その必要はないです)

3

Should I apologize to Henry?
(ヘンリーに謝るべきでしょうか)

Yes, you should. (そうすべきです)

No, you **don't have to.**(いえ、その必要はないでしょう)

4

Should we cancel the trip?
(旅行をキャンセルすべきでしょうか)

Yes, we should. (はい、そうすべきです)

No, we shouldn't. (いえ、そうすべきではありません)

5

Shall we meet you at the airport?
(空港へ迎えに行きましょうか)

Yes, please. **That would be great**.
(お願いします、とてもありがたいです)

No, **don't worry**. I can come to your house myself.
(いえ、大丈夫です。自分でお宅まで行けます)

6

Should I read this book?
(この本を読むべきでしょうか)

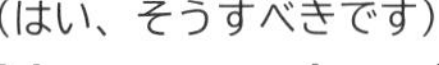

Yes, you should.
(はい、そうすべきです)
No, you shouldn't.
(いえ、そうすべきではありません)

7

Shall we have tea or something?
(お茶か何か飲みましょうか)

Yes, **that's a good idea.** (良い考えですね)

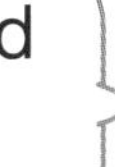

Well, **why don't we** finish this and then, maybe, let's have lunch.
(そうですね、これを終えてからランチというのはどうでしょう)

次はディクテーションだよ！
赤シートを次のページに
はさんでおいてね！
(右のページを隠すよ！)

Step 2

聞いて&書く！エクササイズ

音声を聞き、空所に入る語句を書き取ってみましょう。
正解は右のページにあります。

1

Q (   ) the door for you?

A Thank you! (   ) helpful.

2

Q (   ) the plan?

A No, (   ) necessary.

3

Q (   ) by the fire?

A Yes, let's. I (   ) cold.

4

Q (   ) sorry to my mother?

A Well, (   ) you.

答え合わせをしたら、音声と一緒に音読し、慣れてきたら、本を閉じてシャドーイングをしましょう！

1 Q Shall I hold the door for you?
（ドアを押さえておきましょうか）

A Thank you! That'll be helpful.
（ありがとうございます。助かります）

2 Q Should we change the plan?
（計画を変えるべきでしょうか）

A No, that won't be necessary.
（いえ、その必要はないでしょう）

3 Q Shall we sit by the fire?
（火（暖炉）のそばに座りましょうか）

A Yes, let's. I feel so cold.
（そうしましょう。とても寒いです）

4 Q Should I say sorry to my mother?
（母に謝るべきでしょうか）

A Well, it's up to you.（そうですね、あなた次第です）

it's up to ～「～次第で」

5 Q (   ) a ride?

A Thank you. That's (   ) you.

6 Q (   ) Japanese food or Italian food?

A (   ) sound good. Your (   ).

7 Q (   ) a break?

A Yes, let's. (   ) for three hours.

5 **Q** Shall I give you a ride?
（車で送りましょうか）

a ride は、**a lift** が使われることも。

A Thank you. That's very kind of you.
（ありがとうございます。ご親切にどうも）

6 **Q** Should we have Japanese food or Italian food?
（日本料理かイタリア料理、どちらを食べましょうか）

この場合の should は「～すべきか」というより「～しようか」と**相手の意向を質問**している意味合いです。

A Both sound good. Your call.
（どちらも良いですね。あなたが決めてください）

Your call. は **It's your call.** とも。

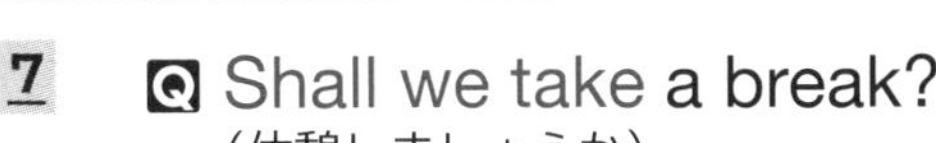

7 **Q** Shall we take a break?
（休憩しましょうか）

「休憩しましょうか」と言う場合、Shall we **have** a break? も同意で使われます。

A Yes, let's. We've been working for three hours.
（そうしましょう。3時間ずっと働いています）

次はいよいよ「3秒エクササイズ」だよ！
赤シートを次のページにはさんで準備完了！
（右のページを隠すよ！）

▶▶▶▶ Step 3

3秒エクササイズ

英語での質問に、3秒以内に答え始める練習をしてみましょう！
本を閉じて音声を聞いて答えるのが理想的ですが、
読んで答えを書いて音読するところから始めるのも良い方法です。

Q1 Shall we have dinner?

ヒント： Yes に続けて相手の食べたいものを聞いてみよう

Q2 Should I tell him the truth?

ヒント： honesy と best policy を使ってみよう

Q3 Shall I pick you up at the airport?

ヒント：「助かる」は helpful

Q4 Should I share this news with Tim?

ヒント： やめといた方が…という表現も考えましょう

自分には関係ないと感じる質問もあるかもしれませんが、英語の練習と割り切って、すぐに答え始める練習をしましょう。モデル解答と解説をチェックしたら、音声を聞いて、真似をして言ってみましょう！

Q1 Shall we have dinner?（夕食にしましょうか）

解答例 Yes, let's.（そうしましょう）/ No, let's not.（いえ、やめておこう）

解答例 Yes, what would you like to eat?（はい、何を食べたいですか）

解答例 Well, I'm not hungry yet.（そうですね、まだお腹が空いていません）

Q2 Should I tell him the truth?
（彼に本当のことを言うべきでしょうか）

解答例 Yes, you should.（そうですね）

解答例 No, you shouldn't.（いえ、言うべきではありません）

解答例 Yes, honesty is the best policy.
（はい、正直が一番です）

Q3 Shall I pick you up at the airport?
（空港に迎えに行きましょうか）

解答例 Yes, please.（お願いします）/ No, thank you.（いえ、結構です）

解答例 Thank you! That'll be really helpful.
（ありがとうございます。とても助かります）

Q4 Should I share this news with Tim?
（このニュースをティムにも伝えるべきでしょうか）

解答例 Yes, you should. / No, you shouldn't.（はい／いいえ）

解答例 I don't think you should. You know ignorance is bliss.
（いえ、伝えない方がいいですよ。知らぬが仏、と言います）

Q5 Should I wear formal clothes?

ヒント：気楽な集まり（casual gathering）なので必要ないと言ってみよう

Your answer ➡ --

Q6 Shall we watch a baseball game?

ヒント：シンプルに答えてみよう

Your answer ➡ --

Q7 Shall I make a reservation?

ヒント：necessary を使って「必要ない」と言ってみよう

Your answer ➡ --

Q8 Should we start?

ヒント：「フォードさんを待つべき」と、考えを言ってみましょう

Your answer ➡ --

Q9 Shall I google it?

ヒント：シンプルに答えてみましょう

Your answer ➡ --

Q5 Should I wear formal clothes?
（フォーマルな服を着るべきでしょうか）

解答例 Yes, you should. / No, you shouldn't. （はい／いいえ）

解答例 Well, it's a casual gathering, so you don't have to. （そうですね、気楽な集まりなので、着る必要はないです）

Q6 Shall we watch a baseball game?
（野球を見ましょうか）

解答例 Yes, let's. / No, let's not. （はい／いいえ）

Q7 Shall I make a reservation? （予約を取りましょうか）

解答例 Yes, please. （お願いします）

解答例 No, that won't be necessary. （いえ、その必要はないです）

解答例 Thank you. You can do that online.
（よろしく。オンラインでも予約できますよ）

Q8 Should we start? （始めましょうか）

会議などを始める場合の問いかけです。

解答例 Yes, we should. / No, we shouldn't. （はい／いいえ）

解答例 I think we should wait for Ms. Ford.
（フォードさんを待つべきです）

Q9 Shall I google it? （それをグーグルで調べましょうか）

解答例 Yes, please. （お願いします）

解答例 No, that won't be necessary. （いえ、その必要はないです）

Q10 Shouldn't you be doing your homework?

ヒント：finish を使って「もう済ませた」と言ってみよう

Your answer ➡

Q11 Should we stop using plastic?

ヒント：ストロー（straws）やレジ袋（plastic bags）などの具体例も入れよう

Your answer ➡

Q12 Shall I be honest with you?

ヒント：anything を使って「何も聞きたくない」と言ってみよう

Your answer ➡

Q13 Let's eat out tonight, shall we?

ヒント：シンプルに答えてみよう

Your answer ➡

Q14 Should smoking be banned?

ヒント：Yes も No も、後に理由をくっつけてみよう

Your answer ➡

Q10 Shouldn't you be doing your homework?
(宿題をしているべきじゃないの？)

Shouldn't you be ～ing は、「**～しているべきではないのか**」「**～しなくても良いのか**」などの意味合い。

解答例 Yes, I should. (そうですね)

解答例 No, I just finished it. (いえ、もう済ませました)

Q11 Should we stop using plastic?
(プラスチックの使用をやめるべきでしょうか)

解答例 Yes, we should. / No, we shouldn't. (はい／いいえ)

解答例 We should at least stop using straws, and refuse plastic bags in supermarkets.
(少なくとも、ストローの使用をやめ、スーパーではレジ袋を断るべきです)

Q12 Shall I be honest with you? (正直に言いましょうか)

解答例 Yes, please. (はい、お願いします)

解答例 No, I don't want to hear anything.
(いいえ、何も聞きたくありません)

Q13 Let's eat out tonight, shall we? (今夜は外食しましょうか)

Shall we ～？は **Let's ～と言い換える**ことができます。また付加疑問文にする場合は、**Let's ～ , shall we?** とします。

解答例 Yes, let's. / No, let's not. (はい／いいえ)

Q14 Should smoking be banned?
(喫煙は禁止されるべきでしょうか)

解答例 Yes, to protect non-smokers' health.
(はい、タバコを吸わない人の健康を守るために)

解答例 No, it's up to individuals. (いえ、個人の自由です)

未来だけじゃない！　マルチに使える！

willとwouldの疑問文

未来のことを尋ねる

Will you come back next week?

～ですか　あなたは　戻る　来週

Yes, I will.（はい、戻ります）
No, I won't.（いいえ、戻りません）

✓ 未来のことを尋ねています。I will. と will を強くはっきりと言うと、「**必ず～する**」という**強い意志**を表現できます。

会話でよく使う依頼表現

Will you do me a favor?

～ですか　あなたは　する　私に　親切なことを

✓ 日本語では「お願いがあるのですが」。
✓ will の代わりに **would も同様に使われ**、直訳だと「私に favor（親切なこと）をしてくれるか」という英文です。

Sure. What's up?
（もちろんです。どうしたのですか）

助動詞 will は、未来のことや「～するぞ」という強い意志を表現します。また Will you ～？ や Would you ～？ で、相手に何かを依頼する表現もできます。会話で頻出する表現をチェックしていきましょう！

許可を求める表現

Will you mind if I smoke?

～ですか あなたは 気にする もし私が喫煙しても

I'd rather you didn't.
（できれば吸わないでいただきたいです）

No, go ahead.（どうぞ）

何かをすすめる表現

Will you like a cup of tea?

～ですか あなたは 好む お茶を一杯

✔ 日本語では「お茶をいかがですか」です。
✔ will の代わりに **would も同様に使われます。**

Yes, please.（ぜひ）
I'm fine, thank you.
（結構です、どうも）

▶▶▶▶Step 1

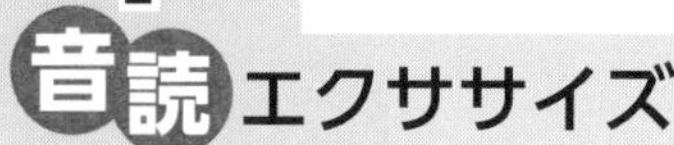

文の内容を意識しながら５回ずつ音読しましょう。

1

Will you be having dinner at home?
（夕食は家で食べますか）

Yes, I will.（はい）/
No, **I'll be late.**（いえ、遅くなります）

2

Won't you come in?（お入りになりませんか）

Thank you. **I hope I'm not disturbing you.**
（ありがとうございます。お邪魔でなければ良いのですが）

✔ **I hope I'm not disturbing you on your day off.**（お休みのところ、すみません）のように、**お邪魔する場合に使う決まり文句**です。

3

Would you like to come to the party?
（パーティにいらっしゃいませんか）

Yes, **I'd love to.**（はい、ぜひ）

I'd love to, but can I take a rain check?
（行きたいのですが、またの機会に）

✔rain check は「またの機会」の意味。

4

Would you mind sending me the files?
（ファイルを送っていただけますか）

Certainly.（もちろんいいですよ）

5

Would you care for dessert?
（デザートはどうですか）

I'll just have coffee, **thank you**.
（コーヒーだけにしておきます。ありがとう）

6

Will the sun ever burn out?
（太陽は燃え尽きてしまうでしょうか）

✔ ever は「いったい」、burn out は「燃え尽きる；（エネルギーなどを）使い果たす」の意味。

Yes, but that will be a long time ahead.
（はい、ずっと先ですが）

7

Will Sam get us lunch today?
（サムは、今日私たちにランチをごちそうしてくれるでしょうか）

I think so, that's what he told me yesterday.
（そう思います、昨日そう言っていました）

次はディクテーションだよ！
赤シートを次のページに
はさんでおいてね！
（右のページを隠すよ！）

▶▶▶▶ Step 2

聞いて&書く! エクササイズ

音声を聞き、空所に入る語句を書き取ってみましょう。
正解は右のページにあります。

1

Q (　　　　　　　　　　) cream or sugar?

A I'd like (　　　　　　　　　　), please.

2

Q (　　　　　　　　　　) the door?

A Sorry—I'm busy (　　　　　　　　　　).

3

Q (　　　　　　　　　　) accept his apology?

A Yeah, (　　　　　　　　　　).

4

Q (　　　　　　　　　　) me home?

A Of course. (　　　　　　　　　　).

答え合わせをしたら、音声と一緒に音読し、慣れてきたら、本を閉じてシャドーイングをしましょう！

1

Q Would you like cream or sugar?
（クリームか砂糖は入れますか）

A I'd like some milk, please.
（牛乳をお願いします）

2

Q Will you get the door?
（玄関、出てくれますか）

チャイムなどが鳴り、**誰かが来た**様子の場合に使える問いかけです。

A Sorry—I'm busy right now.
（ごめんなさい、今手が離せないのです）

3

Q Will you accept his apology?
（彼の謝罪を受け入れるのですか）

相手の意志を聞いています。

A Yeah, I think I will.
（はい、そうしようと思います）

4

Q Would you drive me home?
（家まで乗せていただけますか）

Will you...? も同意になります。

A Of course. No problem.
（もちろんです。お安い御用です）

5

Q ( ) the latest film directed by Susan White?

A Well, ( ) yourself.

6

Q ( ) available next Tuesday?

A Yes, I think so, but ( ) my schedule?

7

Q ( ) vegan?

A No—I ( ) three days without meat.

5

Q Would you recommend the latest film directed by Susan White?
（スーザン・ホワイトが監督した最新の映画、お薦めですか）

A Well, see for yourself.
（そうですね。自分で見てはどうですか）

see for oneself は「**自分で見る**（確かめる；調べる）」。

6

Q Will you be available next Tuesday?
（来週火曜日、空いていますか）

A Yes, I think so, but can I check my schedule?
（空いていると思いますが、スケジュールを調べても良いですか）

7

Q Would you go vegan?
（完全菜食主義者になりますか）

A No—I won't last three days without meat.
（いえ、お肉なしでは3日と持たないです）

次はいよいよ「3秒エクササイズ」だよ！
赤シートを次のページにはさんで準備完了！
（右のページを隠すよ！）

▶▶▶▶ Step 3

3秒エクササイズ

英語での質問に、３秒以内に答え始める練習をしてみましょう！
本を閉じて音声を聞いて答えるのが理想的ですが、
読んで答えを書いて音読するところから始めるのも良い方法です。

Q1 Would you like a bite?

ヒント： yummy（おいしそう）を使おう

Your answer ▶ --

Q2 Would you excuse us for a minute?

ヒント： finish や take one's time を使おう

Your answer ▶ --

Q3 Won't you have more tea?

ヒント： No と断る際に fine も使ってみよう

Your answer ▶ --

Q4 Would you like some help with the baggage?

ヒント： helpful を使う以外の表現も考えよう

Your answer ▶ --

自分には関係ないと感じる質問もあるかもしれませんが、英語の練習と割り切って、すぐに答え始める練習をしましょう。モデル解答と解説をチェックしたら、音声を聞いて、真似をして言ってみましょう！

Q1 Would you like a bite? （一口いかがですか）

解答例 Thank you. That looks yummy.
（ありがとう。美味しそうですね）

解答例 No, thanks. I just had lunch.
（いえ、結構です。昼食を食べたところなのです）

Q2 Would you excuse us for a minute?
（少し失礼させてください）

二人以上でその場を離れる場合に使ったり、「**少し外していただけますか**」という意味合いにも使われたりします。

解答例 Sure, go ahead. （どうぞ）

解答例 Sure. And I'm finished anyway, so please take your time.
（もちろんです。いずれにせよ、私の話は終わりましたので、ごゆっくりどうぞ）

Q3 Won't you have more tea? （もう少しお茶を飲みませんか）

解答例 Yes, please. Thank you. （はい、ぜひ。ありがとう）

解答例 No, I'm fine. I've had enough, thank you.
（いえ、結構です。もう十分いただきました）

お茶などを勧められて「**結構です**」という場合、No, thank you. 以外に、この I'm fine. も使えるようにしましょう。

Q4 Would you like some help with the baggage?
（その荷物、お手伝いしましょうか）

解答例 Yes, it'd be helpful. Thank you.
（はい、助かります。ありがとうございます）

「助かります」は他に **That's nice of you.**（あなたは優しい）や **You're a big help.** など、相手を褒める表現も使えます。

Q5

Will you take care of the plants while I'm away?

ヒント：ひきうけるシンプルな表現を使ってみよう

Your answer

Q6

Will you come home early tonight?

ヒント：「7時くらいに戻る」と言ってみよう

Your answer

Q7

Would you rather work late tonight or come early tomorrow?

ヒント：答える時にも rather を使う

Your answer

Q8

Would you do me a favor?

ヒント：depend を使って答えてみよう

Your answer

Q9

Won't you have a seat?

ヒント：「実はすぐに出なくてはいけない」と断ってみよう

Your answer

Q5 Will you take care of the plants while I'm away?
(私が留守中、植物の世話をしてくださいますか)

解答例 Sure thing. (もちろんです)
解答例 No problem. (問題ありません)

Q6 Will you come home early tonight?
(今日は早く帰ってきますか)

解答例 Yes, I'll be back around seven o'clock.
(はい、7時くらいには戻ります)

Q7 Would you rather work late tonight or come early tomorrow?
(今夜遅くまで仕事をしますか、それとも明日早朝から仕事をしますか)

解答例 I'd rather work late tonight.
(今夜遅くまで仕事します)

Q8 Would you do me a favor? (お願いがあるのですが)

解答例 Sure. What's up? (良いですよ。何ですか)
解答例 Well, it depends. (そうですね。何なのかによります)
解答例 It depends. (状況によります)

この場合は、**It depends on what it is.**(あなたのfavorによる)という意味合い。

Q9 Won't you have a seat? (座りませんか)

解答例 Thank you. (ありがとうございます)
解答例 Actually, I have to leave soon.
(実はすぐに出なくてはならないのです)

Q10 Will the protest in the city continue?

ヒント：protest は「抗議活動」

Your answer ➡ --

Q11 Would you like coffee?

ヒント：「もう5杯飲んだ」と現状について言ってみよう

Your answer ➡ --

Q12 Would you mind if I smoke here?

ヒント：「できればやめてほしい」と言ってみよう

Your answer ➡ --

Q13 Will you go over the handout before printing?

ヒント：happy を使ってみよう

Your answer ➡ --

Q14 Would you rather be able to fly or be able to breathe underwater?

ヒント：答える時も would rather を使いましょう

Your answer ➡ --

Q10 Will the protest in the city continue?
(この市での抗議活動は続くのでしょうか)

解答例 I don't know, but I hope it'll end soon.
(わかりませんが、すぐに終わってほしいものです)

Q11 Would you like coffee? (コーヒーはいかがですか)

解答例 Yes, thank you. / No, I'm fine. (はい／いいえ)

解答例 Well, I already had five cups—that's more than enough for one day.
(そうですね、もう5杯飲みました。1日には充分以上です)

Q12 Would you mind if I smoke here?
(ここでタバコを吸っても良いですか)

解答例 I'd rather you didn't. (やめていただけたら)

解答例 As you know, smoking will do you harm.
(ご存知のように、喫煙はあなたに害を及ぼします)

Q13 Will you go over the handout before printing?
(印刷前に、資料を見直していただけますか)

解答例 I'd be happy to do that.
(喜んでさせていただきます)

Q14 Would you rather be able to fly or be able to breathe underwater?
(空を飛べるのと水中で息ができるのと、どちらが良いですか)

解答例 I would rather be able to fly.
(飛べる方が良いです)

ていねいに許可を求める

mayとmightの疑問文

空席を探して…

May I sit here?

いいですか 私は ここに座る

✓ **日常でも旅行でも**よく使う「ここに座ってもいいですか」。

Yes, go ahead. (はい、どうぞ)

Sorry, it's taken. (すみません、人が来ます)

✓ May I ～？で聞かれているので、原則として Yes, you may. や No, you may not. のように答えたくなりますが、Yes, you may. と言うと、**とても偉そうに聞こえます**ので注意しましょう。

ビジネスでも使う

May we come in?

いいですか 我々は 中に入る

✓ 日本語では「入ってもよろしいですか」。複数人いる場合は、主語を we に変えます。

Of course, please come in.

(もちろんです、どうぞお入りください)

may（過去形 might）は、May I ～？という疑問文で使う場合、「～してもいいですか」と許可を求める表現になります。May I? だけでも「よろしいですか」という質問になり、例えば空席を指して May I? と聞けば、この席に座ってもいいですかと質問していることがわかります。

より礼儀正しく情報を求める

Might I ask where you live?

よろしいですか 私は 尋ねる あなたがどこに住んでいるか

- ✔ 日本語では「どちらにお住まいか、伺ってもよろしいでしょうか」
- ✔ may の過去形 might を使い、Might I ask ～？とすると、**礼儀正しく情報を求める疑問文**になります。どこに住んでいるかを質問する場合は Where do you live? ですが、Might I ～という疑問文の中では、where you live と普通の文に戻します。
- ✔ 住所は**プライバシー**なので、質問する場面や相手には**注意が必要**です。特に初対面の方に対しては**NG**です

OK, here is my address.

文の内容を意識しながら5回ずつ音読しましょう。

1

May I have your name?
（お名前を伺えますか）

Yes, it's Sam Hall.
（はい、サム・ホールです）

2

May we use this room?
（この部屋を使っても良いですか）

Actually, we are having a meeting till four.

（実は、４時まで会議をするのです）

3

May I bring your dessert?
（デザートをお持ちしましょうか）

Yes, **thank you**.
（はい、お願いします）

4

May I go to the bathroom?
（お手洗いに行っても良いですか）

The class ends in 5 minutes, can you wait?
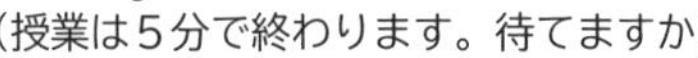

（授業は５分で終わります。待てますか）

5

Might I have your phone number, please?
(電話番号を教えていただけますか)

Sure, I'll write it down.
(もちろん、書きますね)

6

May I have your permission to leave early today?
(今日は早退する許可をいただけますか)

Sure, but only this once.
(良いですよ、でも今回だけです)

7

Might I ask why you chose to quit this job?
(どうしてこの仕事を辞めることにしたのか、伺ってもよろしいですか)

I'm starting my own business.
(起業するのです)

次はディクテーションだよ！
赤シートを次のページに
はさんでおいてね！
(右のページを隠すよ！)

▶▶▶▶ Step 2

聞いて&書く! エクササイズ

音声を聞き、空所に入る語句を書き取ってみましょう。
正解は右のページにあります。

1

Q (   ) you?

A Thank you, that's very (   ) you.

2

Q (   ) your passport?

A Yes, (   ).

3

Q Might I ask (   ) here?

A I'm just (   ) Michelle.

4

Q (   ) a favor of you?

A Sure. (   )?

答え合わせをしたら、音声と一緒に音読し、慣れてきたら、
本を閉じてシャドーイングをしましょう！

1

Q May I help you?
（お手伝いしましょうか）

A Thank you, that's very nice of you.
（ありがとうございます。ご親切にどうも）

2

Q May I see your passport?
（パスポートを拝見できますか）

A Yes, here you go.
（はい、どうぞ）

Here you go. は**物を渡す時**に「**どうぞ**」という意味合いで使えます。**Here you are.** も同意。

3

Q Might I ask what you are doing here?
（ここで何をしているのか、聞いても良いでしょうか）

A I'm just waiting for Michelle.
（ミッシェルを待っているだけです）

4

Q May I ask a favor of you?
（お願いがあるのですが）

May I ask you a favor? としても同意。

A Sure. What's up?
（良いですよ、何ですか）

5 Q (   ) a few questions?

A I need to leave now. Can you (   )?

6 Q (   ) for you tonight?

A That (   ), thank you.

7 Q May I ask (   )?

A Well, (   ) my parents' business.

May I cook for you tonight?

5 **Q** Might I ask a few questions?
（少し質問してもよろしいですか）

A I need to leave now. Can you come back after three?
（今出なくてはいけないのです。3時以降にまた来ていただけますか）

6 **Q** May I cook for you tonight?
（今夜食事を作りましょうか）

A That would be very helpful, thank you.
（それは助かります。ありがとう）

7 **Q** May I ask why you're quitting?
（なぜ辞めるのか、聞いてもよろしいですか）

STEP1の 7（143ページ）と同意。

A Well, I'm going to help my parents' business.
（実は、親の商売を手伝うのです）

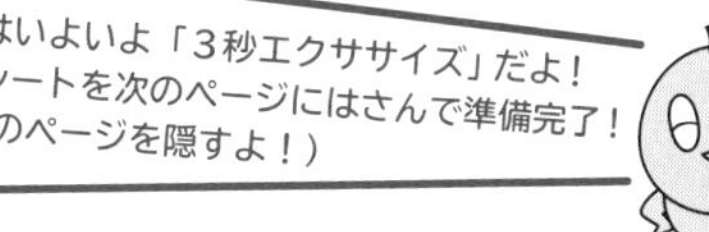
次はいよいよ「3秒エクササイズ」だよ！
赤シートを次のページにはさんで準備完了！
（右のページを隠すよ！）

▶▶▶▶ **Step 3**

3秒エクササイズ

英語での質問に、３秒以内に答え始める練習をしてみましょう！
本を閉じて音声を聞いて答えるのが理想的ですが、
読んで答えを書いて音読するところから始めるのも良い方法です。

Q1 May I sit here?

ヒント： シンプルに答えてみよう

Your answer ➡ --

Q2 May I see you next Monday?

ヒント： look forward や ufortunately を使って２つの返事を考えてみよう

Your answer ➡ --

Q3 May I come to your house?

ヒント： 良いと返事した後に、相手の都合を聞いてみよう

Your answer ➡ --

Q4 Might I give you a little advice?

ヒント： appreciate を使いましょう

Your answer ➡ --

自分には関係ないと感じる質問もあるかもしれませんが、英語の練習と割り切って、すぐに答え始める練習をしましょう。モデル解答と解説をチェックしたら、音声を聞いて、真似をして言ってみましょう！

Q1 May I sit here? (ここに座ってもいいですか)

解答例 Yes, go ahead. (はい、どうぞ)

解答例 Sorry, it's taken. (すみません、人が来ます)

> **This seat is taken.** は「この席は取られている＝**人が来る**」という意味合いです。

Q2 May I see you next Monday?
(来週月曜日お目にかかれますか)

解答例 Yes, I'm looking forward to it. (はい、楽しみにしています)

解答例 Unfortunately, I'll be out of town.
(あいにく、留守にしています)

Q3 May I come to your house?
(あなたのお家にお邪魔しても良いですか)

解答例 Sure! When is convenient for you?
(もちろん。いつが良いですか)

解答例 Well, my mother's been sick. So, having a guest is a little difficult now.
(実は母親が病気で、今お客様に来てもらうのは少し難しいのです)

Q4 Might I give you a little advice?
(助言をさせていただいても良いでしょうか)

解答例 I'd really appreciate it. (それはありがたいです)

> **Can I give you ～？**と言うと、**少々上から目線のようにも聞こえます**ので、May や Might ～で言うと礼儀正しくなります。

Q5 May I ask what you do for a living?

ヒント：「アルバイトをしている」と答えてみましょう

Your answer →

Q6 May I borrow your umbrella?

ヒント：「返さなくてもいいよ」と言い添えてみよう

Your answer →

Q7 Might I ask you a favor?

ヒント：depend を使ってみよう

Your answer →

Q8 Might we make some suggestions?

ヒント：「助言、アドバイス」などを意味する input を使ってみよう

Your answer →

Q9 May I trouble you for the pepper?

ヒント：シンプルに答えてみましょう

Your answer →

Q5 May I ask what you do for a living?
（お仕事は何をされているか、伺っても良いでしょうか）

解答例 Sure, I'm a part-time employee.
（良いですよ、アルバイトをしています）

Q6 May I borrow your umbrella?
（傘をお借りしてもよろしいでしょうか）

解答例 Of course. Go ahead.（もちろん、どうぞ）

解答例 You don't have to bring it back.（返さなくて良いですよ）

Q7 Might I ask you a favor?
（お願い事をしてもよろしいでしょうか）

解答例 It depends on what it is, but if I make you happy, I'm happy.
（お願いが何かによりますが、でもあなたが喜んでくれるなら、私も嬉しいので）

Q8 Might we make some suggestions?
（いくつか提案してもよろしいでしょうか）

解答例 Yes, that'd be really helpful.（はい、助かります）

解答例 Your input is much appreciated.
（あなたの提案はありがたいです）

このinputは、**助言**、**アドバイス**、**情報**などに使えます。

Q9 May I trouble you for the pepper?
（コショウを取っていただけますか）

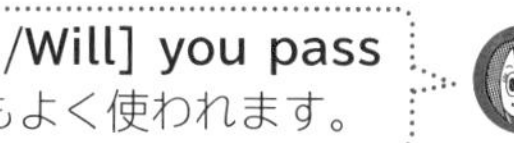

Can[Could/Would/Will] you pass me the pepper? もよく使われます。

解答例 Certainly, here you go.（もちろんです、どうぞ）

Q10 May I ask how tall you are?

ヒント：数+単位に続いて tall をつけます

Your answer →

Q11 May I ask who's calling?

ヒント：シンプルに名前を言いましょう

Your answer →

Q12 May I say a few words?

ヒント：シンプルに「どうぞ」とうながしましょう

Your answer →

Q13 May I interrupt you for a moment?

ヒント：No な場合は状況・理由をきちんと言えるようがんばりましょう

Your answer →

Q14 May I interest you in dessert?

ヒント：will を使って「コーヒーだけもらいます」と言ってみよう

Your answer →

Q10 May I ask how tall you are?
(身長をうかがってもよろしいですか)

解答例 I'm 6 feet tall. (6フィートです)

解答例 I'm about 160 centimeters tall. (約160cmです)

Q11 May I ask who's calling?
(どちら様でしょう（お名前を頂戴できますか))

固定電話などで、かけてきた人の名前を尋ねる場合の表現です。

解答例 I'm Yuki Yamaguchi. (ヤマグチ・ユキと申します)

Q12 May I say a few words?
(二言三言、よろしいでしょうか（ちょっと発言してよろしいでしょうか))

スピーチで、**Let me say a few words.**（少し話をさせてください）のように始めることができます。

解答例 Yes, please go ahead. (はい、どうぞ)

Q13 May I interrupt you for a moment?
(少しお邪魔してよろしいでしょうか)

interrupt は「**邪魔をする**」

解答例 Of course. What's up? (もちろんです。何でしょう)

解答例 This proposal is due in two hours. Could you come back then?
(この提案書は2時間で締め切りなのです。それからまた来ていただけますか)

Q14 May I interest you in dessert? (デザートはいかがですか)

May I interest you in A? は「A**はいかがですか**」という意味になります。

解答例 Yes, please. (お願いします)

解答例 I'll just have some coffee, thanks.
(私はコーヒーだけいただきます。ありがとうございます)

「疑問」のニュアンスは薄め！

確認や同意を求める疑問文

過去の行動について確認する

You went there, **didn't you**?

あなたは　行った　そこへ　してませんか？

✔ 日本語で「そこへ行ったのですよね」を意味するこの文の **didn't you の部分が付加疑問文**です。前半部分の動詞 went を否定形（didn't go）にし、その助動詞（didn't）と主語を入れ替えた疑問文（DAY1 参照）の形を付け足します。

Yes, I did.（はい、行きました）

No, I didn't.（いえ、行きませんでした）

過去の状態について確認する

You were with Nancy, **weren't you**?

あなたは　だった　ナンシーと一緒　ではありませんでしたか？

✔ 日本語では「ナンシーと一緒だったのですよね」です。

Yes, I was.（はい、一緒でした）

No, I wasn't.（いえ、一緒ではなかったです）

ここまで、相手に何かを尋ねるさまざまな疑問文を知り、３秒でリアクションするエクササイズをしてきました。最後の DAY10 では、「～ですね」と確認したり、軽く同意を求めたりする場合に使われる、付加疑問文と、否定形でものを尋ねる否定疑問文を学びましょう。

過去の行いや状態について確認する

You don't like coffee, **do you**?

あなたは　～ない　好む　コーヒーを　しますか

Yes, I love coffee.（コーヒーは大好きです）

No, I **don't** drink coffee.（嫌いで、飲まないです）

✔ Do you like coffee?（コーヒーは好きですか）と聞かれた場合、好きであれば Yes, I do. 嫌いであれば No, I don't. と答えるのと、**まったく同じこと**です。

否定疑問文

Don't you like coffee??

～ない　あなたは　好む　コーヒーを

Yes, I do. I drink more than five cups a day.
（好きです。１日に５杯以上飲みます）

No, I don't. I like tea.
（嫌いです。お茶が好きです）

✔ こちらも **Do you like coffee? と聞かれている場合と同じ答え**になります。

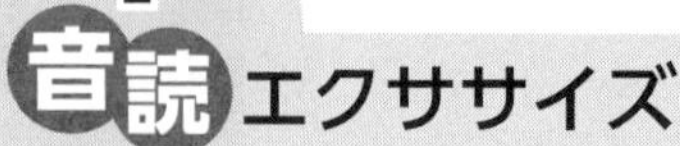

文の内容を意識しながら5回ずつ音読しましょう。

1

You enjoy**ed** the trip, **didn't you**?
（旅行、楽しみましたよね）

Yes, I had a lot of fun.
（はい、とても楽しかったです）

2

Isn't the train coming soon?
（列車はすぐにやってくるのではないのですか）

Yes, it is. （はい、すぐに来ます）

No, it's not coming for another twenty minutes.
（いいえ、20分は来ないです）

3

Franz **is** from Spain, **isn't he**?
（フランツはスペイン出身ですよね）

No, he's from Italy.
（いいえ、イタリア出身です）

4

Didn't you know about the meeting?
（会議について知らなかったのですか）

Yes, I did. Andy told me.
（知っていました。アンディーが話してくれました）

5

You **didn't** visit Kyoto last time, **did you**?
（前回、京都は行きませんでしたよね）

No, I didn't have time.
（行きませんでした、時間がなかったので）

6

Haven't you been to Europe?
（ヨーロッパへは行ったことがないのですか）

Yes, last year.
（行きました、去年）

Not yet.
（まだ行ったことがありません）

7

I'd prefer to stay at a hotel near the airport, **wouldn't you**?
（私は空港近くのホテルに泊まる方が良いですが、あなたは？）

Yes, I also prefer to stay around the airport.
（はい、私も空港周辺に泊まる方が良いです）

次はディクテーションだよ！
赤シートを次のページにはさんでおいてね！
（右のページを隠すよ！）

Step 2

聞いて&書く! エクササイズ

音声を聞き、空所に入る語句を書き取ってみましょう。
正解は右のページにあります。

1
Q (   ), will you?

A Just a moment. I need (
).

2
Q (   ) Bernie this Sunday, aren't you?

A Yes. (   ) join us?

3
Q You commute by train, (   )?

A (   ).

4
Q (   ) you finished writing the proposal?

A Actually, (   ) revise it.

答え合わせをしたら、音声と一緒に音読し、慣れてきたら、本を閉じてシャドーイングをしましょう！

1

Q Shut the window, will you?（窓を閉めてくれますか）

will you をつけることで、Shut the window という命令文を「**閉めてね**」というニュアンスで**柔らかくすることができます。**

A Just a moment. I need some fresh air.
（少し待ってください。新鮮な空気がいるので）

空気を入れ替えたい場合に使える表現です。

2

Q You're meeting Bernie this Sunday, aren't you?（この日曜日にバーニーに会うのですよね）

近い将来の予定を聞いています。

A Yes. Would you like to join us?
（そうですよ。一緒に来たいですか）

3

Q You commute by train, don't you?
（電車で通勤しているのですよね）

commute は「**通勤する**」

A I usually drive.（通常は車です）

車で通勤する場合、**commute by car** も可能ですが、このように **I drive to my[the] office.** もよく使われます。

4

Q Didn't you say you finished writing the proposal?
（提案書を書き終えたと言っていませんでしたか）

A Actually, I have to revise it.
（実は、修正しなくてはいけないのです）

revise は「**修正する**」。

5 Q Ms. Smith is quite friendly, ( )?

A Yes, and she's ( ).

6 Q David ( ) your text, has he?

A No, he ( ).

7 Q ( ) a producer?

A Yes, ( ) a radio program.

5 **Q** Ms. Smith is quite friendly, isn’t she?
（スミスさんは、とてもフレンドリーですよね）

A Yes, and she’s fair and understanding.
（はい、それに公正で思いやりがあるのです）

fair は「偏見がない」や「公平な」以外に、肌が「**色白な**」という意味にも使われます。

6 **Q** David hasn’t replied to your text, has he?
（ディヴィッドは、まだあなたの携帯メールに返信してないのですよね）

A No, he must be very busy.
（いえ、ないです。とても忙しいのでしょう）

must be... は「**〜に違いない**」。

7 **Q** Isn’t your brother a producer?
（あなたのお兄さんはプロデューサーではないのですか）

A Yes, he’s now doing a radio program.
（そうです。今はラジオ番組を製作中です）

次はいよいよ「3秒エクササイズ」だよ！
赤シートを次のページにはさんで準備完了！
（右のページを隠すよ！）

Step 3

3秒エクササイズ

英語での質問に、３秒以内に答え始める練習をしてみましょう！
本を閉じて音声を聞いて答えるのが理想的ですが、
読んで答えを書いて音読するところから始めるのも良い方法です。

Q1 You like Chinese dishes, don't you?

ヒント： OK と rather を使って「イタリア料理の方が好き」と言ってみよう

Your answer → --

Q2 Don't you like noodles?

ヒント： depend を使ってみよう

Your answer → --

Q3 You have brothers or sisters, don't you?

ヒント： シンプルに答えてみよう

Your answer → --

Q4 Don't you like dogs?

ヒント： シンプルに答えてみよう

Your answer → --

自分には関係ないと感じる質問もあるかもしれませんが、英語の練習と割り切って、すぐに答え始める練習をしましょう。モデル解答と解説をチェックしたら、音声を聞いて、真似をして言ってみましょう！

Q1 You like Chinese dishes, don't you?
(中華料理、好きですよね)

解答例 Yes, I do. (好きです) / No, I don't. (好きではないです)

解答例 They are OK, but I prefer Italian food.
(中華も良いけど、イタリア料理の方が好きです)

Q2 Don't you like noodles?
(麺類は好きではありませんか)

解答例 Yes, I do. (好きです) / No, I don't. (好きではないです)

解答例 It depends. I prefer *soba*—buckwheat noodles, to *udon*—wheat noodles.
(麺によります。蕎麦の方がうどんより好きです)

wheat は「**小麦粉**」、buckwheat は「**そば粉**」。

Q3 You have brothers or sisters, don't you?
(兄弟あるいは姉妹がいますよね)

解答例 Yes, I do. (はい、います) / No, I don't. (いいえ、いません)

「一人っ子なのです」と言う場合、the only child より、**I don't have any brothers or sisters.** のように表現します。

Q4 Don't you like dogs?
(犬は好きではないのですか)

解答例 Yes, I do. (好きです) / No, I don't (好きではないです)

Q5 You've been to Kyoto, haven't you?

ヒント：シンプルに答えてみよう

Your answer →

Q6 Haven't you been to Hong Kong?

ヒント：シンプルに答えてみよう

Your answer →

Q7 Didn't you say you read this book?

ヒント：言ったかどうかあやしい場合の返事も考えよう

Your answer →

Q8 You attended the conference in Boston, didn't you?

ヒント：シンプルに答えてみよう

Your answer →

Q9 Return this book within two weeks, won't you?

ヒント：「やってみます」という答えも考えてみよう

Your answer →

Q5 You've been to Kyoto, haven't you?
（京都には行ったことがありますよね）

解答例 Yes, I have.（あります）/ No, I haven't.（ありません）

Q6 Haven't you been to Hong Kong?
（香港に行ったことがありませんでしたか）

解答例 Yes, I have.（あります）/ No, I haven't.（ありません）

Yes か No を**迷わず伝える**ことができるようになったでしょうか。

Q7 Didn't you say you read this book?
（この本を読んだと言っていませんでしたか）

解答例 Yes, I did.（言いました）/ No, I didn't.（言っていません）

解答例 Maybe I did. Sorry, I don't remember.
（言ったかもしれないですね。ごめんなさい、覚えていません）

Q8 You attended the conference in Boston, didn't you?
（ボストンでの会議に出席しましたよね）

解答例 Yes, I did.（出席しました）/ No, I didn't.（出席しませんでした）

Q9 Return this book within two weeks, won't you?
（この本を２週間以内には返してくださいね）

解答例 Yes, I will.（はい、そうします）

解答例 I'll try.（やってみます）

図書館などルール上決まっていることに対しては言えない表現です。

Q10 It's a beautiful day, isn't it?

ヒント：「でも夜は雨が降るそうだ」という情報も添えてみよう

Your answer →

Q11 Don't you have to leave soon?

ヒント：lot を使って「時間はたくさんある」と言ってみよう

Your answer →

Q12 Her speech was inspiring, wasn't it?

ヒント：impressed を使ってみよう

Your answer →

Q13 I'd prefer hamburgers rather than raw fish, wouldn't you?

ヒント：両方のパターンを言えるようにしておきましょう

Your answer →

Q14 I'd prefer to stay at a hotel near the airport, wouldn't you?

ヒント：「エマが自分の家に泊まるようにと言っている」を英語で言うと？

Your answer →

Q10 It's a beautiful day, isn't it?
(いいお天気ですね)

解答例 Yes, it is. (そうですね)

解答例 Yes, but it'll rain in the evening.
(はい、ですが夜は雨が降るそうです)

Q11 Don't you have to leave soon?
(すぐに出なくてはいけないのではないですか)

解答例 Yes, I do. (はい) / No, I don't. (いいえ)

解答例 No, I still have a lot of time. (いえ、まだ時間はたくさんあります)

Q12 Her speech was inspiring, wasn't it?
(彼女のスピーチは奮い立たせてくれるものではなかったですか)

解答例 Yes, it was. / No, it wasn't. (はい／いいえ)

解答例 Yes, I was very impressed. (はい、私はとても感動しました)

Q13 I'd prefer hamburgers rather than raw fish, wouldn't you?
(私はハンバーガーの方が、生魚より良いのですが、あなたはどうですか)

解答例 Yes, me too. Let's have some burgers.
(はい、私もです。ハンバーガーにしましょう)

解答例 Well, I prefer *sushi* to hamburgers.
(私は、寿司の方がハンバーガーより良いです)

Q14 I'd prefer to stay at a hotel near the airport, wouldn't you?
(私は空港近くのホテルに泊まる方が良いですが、あなたは？)

解答例 Yes, I also prefer to stay around the airport.
(はい、私も空港周辺に泊まる方が良いです)

解答例 That's more convenient, but Emma insists we should stay at her house.
(その方がもっと便利なのですが、エマが家に泊まっていくようにと言っています)

これも身につけよう！

「頻出話しかけ」にリアクションする！

お礼と返事

Thank you. （ありがとうございます）

My pleasure. / Don't mention it. / Not at all. / You're welcome.
（どういたしまして）

ゆずる・ゆずられる

After you. （お先にどうぞ）

Thank you. （ありがとうございます）

✓ 譲ってもらったのですから、**必ずお礼**を言いましょう。

気づかう・気づかわれる

Bless you. （お大事に）

✓ **クシャミ**をすると、言われます。私たちも言うようにしましょう。

Thank you. （ありがとうございます）

✓ これも**必ずお礼**を言うようにしましょう。

クシャミをして Bless you.（お大事に）と言われた経験はないでしょうか。また After you.（お先にどうぞ）と順番を先に譲ってもらった場合、どのように返事をしますか。今日は、疑問文ではない話しかけに対する応答の練習をします。

ほめられる①

I like your shoes.（あなたの靴、素敵ですね）

✔ あなたの靴が好きだ＝**その靴いいですね**、と褒める表現です。

Oh, thanks! These are really comfortable.
（ありがとうございます。とても履きやすいのですよ）

✔ comfortable は「**快適な**」。

ほめられる②

Your jacket is very cool.
（ジャケット、カッコいいですね）

Thank you. I like yours, too.
（ありがとうございます。あなたのもいいですね）

Step 1

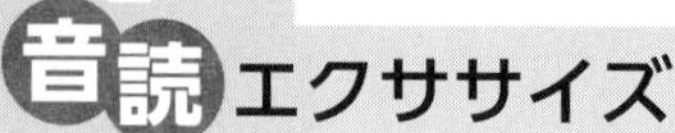

文の内容を意識しながら5回ずつ音読しましょう。

1

Thank you for your help.
（手伝ってくれてありがとうございます）

No problem. It's my pleasure.
（いいんですよ、どういたしまして）

2

I feel great. （気分最高です）

That's good. What's up?
（それは良かった。どうしたのですか）

3

I can't find my glasses.
（メガネが見つかりません）

Did you have a look at the kitchen counter?
（キッチンのカウンターを見ましたか）

4

You might want to start earlier?
（早めに始める方が良いかもしれません）

✓ **might want to...** は「～してはどうでしょう」という意味合いで**命令文**ですが、**丁寧で礼儀正しく初対面の人にも使える**便利な表現です。

OK, let's do that.
（わかりました、そうしましょう）

5

Have a good one.
（良い１日を）

✓ **Have a good day.** と同意

Thank you. You too.
（ありがとう。あなたも）

6

Oh, excuse me.
（あ、すみません）

✓ ぶつかりそうになった、あるいはぶつかってしまった場合など。**I'm sorry.** や **Sorry.** と言う人もいます。

That's OK.
（大丈夫です）

Never mind.
（気にしないでください）

7

This is a small gift from Japan.
（日本からのお土産です）

✓ 海外で**日本から持参した手土産**を渡す時に使えます。

Thank you! Can I open it now?
（ありがとう！　今開けても良いですか）

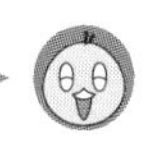

次はディクテーションだよ！
赤シートを次のページにはさんでおいてね！
（右のページを隠すよ！）

Step 2

聞いて&書く! エクササイズ

音声を聞き、空所に入る語句を書き取ってみましょう。
正解は右のページにあります。

1
Q (　　　　　　　　　　) for you.
A Thank you. That's very (　　　　　) you.

2
Q (　　　　　　　　　　) our next trip tonight.
A OK, I'm (　　　　　　　　　　) it.

3
Q I thought (　　　　　　　　　　) Mr. Anderson before.
A Yes, I did. Martha introduced (　　　　　　　　　　).

4
Q I have a small present (　　　　　) thank you.
A Thank you (　　　　　　　　　　)?

答え合わせをしたら、音声と一緒に音読し、慣れてきたら、
本を閉じてシャドーイングをしましょう！

1 Q I'll hold the door for you.
(ドアを押さえておきますね)

A Thank you. That's very kind of you.
(ありがとうございます。ご親切にどうも)

2 Q Let's plan our next trip tonight.
(次の旅行プランを今夜立てましょう)

A OK, I'm looking forward to it.
(良いですね。楽しみにしています)

3 Q I thought you'd met Mr. Anderson before.
(あなたはアンダーソンさんに以前会ったと思っていました)

A Yes, I did. Martha introduced him to me.
(会いましたよ。マーサが彼を私に紹介してくれました)

4 Q I have a small present to say thank you.
(お礼を言いたくて、少しプレゼントがあります)

A Thank you for what?
(何のお礼ですか？)

For what? だけでもよく使われます。

5 Q I've (　　　　　　　　　　) New York.

A (　　　　　　　　).

6 Q Wish me (　　　　　　).

A I'll keep my (　　　　　　　　　　).

7 Q (　　　　　　　　) to correct you.
My name is Dori, not Don.

A I'm (　　　　　　　　　　　)!

We'll keep our fingers crossed!

5 Q I’ve never been to New York.
（ニューヨークには行ったことがありません）

A Me neither.
（私もです）

Neither did I. としても同意。neither の発音は [ní:ðər] [náiðər] どちらでも。

---

6 Q Wish me luck.
（幸運を祈ってください）

A I’ll keep my fingers crossed.
（うまくいきますよう、祈っています）

返答には **Good luck.** もよく使われます。また **Keep your fingers crossed (for me).**（祈ってください）とお願いする表現も。

---

7 Q Allow me to correct you. My name is Dori, not Don.
（訂正させてください。私の名前はドリィです、ドンではなく）

Allow me to ... は **Let me ...** と同意で、**礼儀正しく初対面の方にも使える**表現です。

A I’m awfully sorry!
（大変失礼しました）

次はいよいよ「3秒エクササイズ」だよ！
赤シートを次のページにはさんで準備完了！
（右のページを隠すよ！）

▶▶▶▶ Step 3

3秒エクササイズ

英語での質問に、３秒以内に答え始める練習をしてみましょう！
本を閉じて音声を聞いて答えるのが理想的ですが、
読んで答えを書いて音読するところから始めるのも良い方法です。

Q1 Thank you for your help—you've been a great help.

ヒント：glad や help を使ってみよう

Your answer ➡ --

Q2 Here's a small present for you.

ヒント：Thank you. 以外の決まり文句です

Your answer ➡ --

Q3 Have a good weekend.

ヒント：シンプルに答えよう

Your answer ➡ --

Q4 His presentation was well prepared.

ヒント：シンプルな同意に加え「予想より良かった」も考えてみよう

自分には関係ないと感じる質問もあるかもしれませんが、英語の練習と割り切って、すぐに答え始める練習をしましょう。モデル解答と解説をチェックしたら、音声を聞いて、真似をして言ってみましょう！

Q1 Thank you for your help—you've been a great help.（手伝ってくれてありがとう。とても助かりました）

解答例 It's my pleasure.（どういたしまして）

解答例 I'm glad I could help.（お役に立てて嬉しいです）

Q2 Here's a small present for you.
（ささやかなものなのですが）

解答例 You shouldn't have.
（どうもありがとう！）

日本語の「**気を使ってくださらなくて良いのに**」に似ている表現で、**贈り物をいただいた場合の決まり文句**です。

Q3 Have a good weekend.
（楽しい週末を過ごしてください）

解答例 Thank you, I will.
（ありがとう、そうします）

Q4 His presentation was well prepared.
（彼のプレゼンテーションは、とてもよく準備されていました）

解答例 I thought so, too.
（私もそう思いました）

解答例 It was much better than I had expected.
（思っていたより、はるかに良かったです）

Q5

Oh, I'm sorry!

ヒント：シンプルな定番表現

Your answer

Q6

I look forward to the summer break.

ヒント：何かプランがあるのか言い添えてみよう

Your answer

Q7

I saw a new restaurant near hear.

ヒント：ランチに行ってみようかと提案してみよう

Your answer

Q8

Just keep your fingers crossed.

ヒント：シンプルに答えてみよう

Your answer

Q9

I like your dress.

ヒント：お礼に加えて叔母からのプレゼントだと言い添えてみよう

Your answer

Q5 Oh, I'm sorry! (あ、すみません！)

解答例 Don't worry. (大丈夫です)

もっと**丁寧**に言う場合は、**Please don't worry about it.** や **It doesn't matter.**（かまわないです）を使います。

Q6 I look forward to the summer break.
(夏休みが楽しみです)

解答例 Me, too! (私もです)

解答例 Do you have any plans?
(何かプランがあるのですか)

Q7 I saw a new restaurant near hear.
(近くで新しいレストランを見ました)

解答例 I didn't know that.
(それは知りませんでした)

解答例 Shall we go for lunch?
(ランチに行ってみますか)

Q8 Just keep your fingers crossed.
(幸運を祈っていてください)

解答例 Sure! Good luck!
(もちろんです。幸運を！)

Q9 I like your dress.
(素敵なドレスですね)

解答例 Thank you. This is a gift from my aunt.
(ありがとうございます。叔母からのプレゼントなのです)

Q10 You might want to reconsider the earrings.

ヒント：showy（派手な）を使ってみよう

Your answer →

Q11 I thought you liked that film.

ヒント：実は終わり方が好きでなかったと言ってみよう

Your answer →

Q12 It’s been a while.

ヒント：どうしていたかと聞き直してみよう

Your answer →

Q13 It’s on me.

ヒント：お礼に続けて「コーヒーは私が」と言ってみよう

Your answer →

Q14 Allow me to make some comments.

ヒント：appreciate を使ってコメントを歓迎すると言ってみよう

Your answer →

Q10 You might want to reconsider the earrings.
（そのイヤリングは、考え直した方が良いかもしれないです）

解答例 You think so? Too showy?
（そう思いますか。派手すぎますか）

Q11 I thought you liked that film.
（あなたは、あの映画を気に入ったと思っていました）

解答例 Yes, I did. （はい、好きでしたよ）

解答例 Actually, I didn't like the ending.
（実は終わり方が好きではありませんでした）

Q12 It's been a while. （久しぶりですね）

> **Long time no see.** や **I haven't seen you for a long time.** なども、長い間会っていなかった場合に使われます。

解答例 Yeah, how have you been?
（そうですね、いかがお過ごしですか）

Q13 It's on me.
（私のおごりです）

解答例 Thank you, then the coffee is on me.
（ありがとうございます。ではコーヒーは私が払います）

Q14 Allow me to make some comments.
（コメントをしてもよろしいでしょうか）

解答例 Yes, please.
（はい、お願いします）

解答例 We always appreciate your comments.
（あなたのコメントはいつも大歓迎です）

総仕上げしよう！

BONUS 2 ダイアログで実践エクササイズ

ダイアログ エクササイズ

Dialogue 1 普段のあいさつ

A Hi, how are you today?

B 元気です。あなたはどうですか。

A Fine, thanks. You seem to be busy.

B そうなんです。また後で。

Dialogue 2 ランチどう？

A Would you like to go out for lunch?

B はい、ぜひ。

A What would you like to eat?

B 何か健康的なものを。

Dialogue 3 通勤手段

A Do you drive to work?

B いいえ、電車通勤です。

A Shall I give you a ride to the station?

B それはご親切にどうも。

質問に対してすぐに正確にリアクションする練習は順調に進んだでしょうか。ここでは、少し長めの会話形式で応答する練習をします。疑問文もスラスラ言えるように練習しましょう。

〈エクササイズの進め方〉
①ダイアログを読み、Bの日本語を英訳する
②右ページで応答例を確認し、音声と一緒に音読する
③右ページを見てAの部分も英訳してみる
ただし、この手順は飛ばし、最初から音読したり、何も見ずにシャドーイングをしたりすることも良い練習です！

A こんにちは、調子どうですか？
B I'm fine, thanks. How are you?

A 良いです。ありがとう。忙しそうですね。
B Yes, I am. See you later.

See you later. 以外に **Talk to you later.** なども可能。

A 外でランチ食べましょうか。
B Yes, I'd love to.

A 何を食べたいですか。
B Something healthy.

I'd like to have[eat] something healthy. を簡単に答えたものです。

A 車で通勤しているのですか。
B No, I commute by train.

A 駅まで車で送りましょうか。
B Thank you. It would be helpful.

Dialogue 4 渋滞

A Why were you late this morning?

B 渋滞に巻き込まれました。

「渋滞に巻き込まれる」は stuck や traffic を使う。

A Oh, that's terrible. But you made it anyway.

make it は「着く」「成功する」など。

B そうですね。

Dialogue 5 探し物

A Haven't you seen my glasses?

B また？　いつもメガネを探していますね。

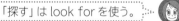

「探す」は look for を使う。

A I've been forgetful these days.

forgetfulは「忘れやすい」。

B ソファの上にあるはずです。

Dialogue 6 夏休みの予定

A Are you going somewhere for this summer vacation?

B はい、北海道へ行く予定です。

A With your family members?

B いえ、友達数名と。あなたはどうですか。

A I'll probably stay home and relax.

A 今朝、なぜ遅れたのですか。

B I got stuck in traffic.

他にI was[got] caught up in heavy trafficなども。

A それは大変でしたね。でも、とにかくあなたは着きましたね。

B Right.

You are right.（そのとおり）なども OK。

A 私のメガネを見ませんでしたか。

B Again? You are always looking for your glasses.

A 最近、忘れっぽくて。

B They should be on the sofa.

A この夏休みはどこかへ行く予定ですか。

B Yes, I'm going to Hokkaido.

A ご家族と？

B No, with some of my friends. How about you?

A 私は多分家にいて、リラックスします。

ロールプレイ エクササイズ

ネイティブ・スピーカーと話しているつもりで、日本語を英語で言ってみましょう。慣れてきたら、音声を聞いて、何も見ずに応答してみましょう。

ロールプレイ 1 Interview Test 面接試験前

Ⓐが面接委員、Ⓑがあなたです。面接委員があなたの緊張をほぐすために質問している様子を想像して話してみましょう！

Ⓐ Hi, how are you feeling today?

Ⓑ 元気です。どうもありがとうございます。

Ⓐ How did you come here?

交通手段を聞いています。

Ⓑ 電車で来ました。

Ⓐ How long does it take from here to your place?

Ⓑ 40分くらいです。

Ⓐ What do you like to do in your free time?

Ⓑ 映画を見ることが好きです。

Ⓐ Do you have any plans for summer?

Ⓑ マレーシアに観光で行く予定です。

Ⓐ Sounds great. OK, shall we start?

Ⓑ はい、お願いします。

〈エクササイズの進め方〉
ダイアログの音声は次の３パターンです。
①ⒶⒷ両方　②Ⓐ＋解答用のポーズ（無音部分）　③Ⓑ＋ポーズ
まず①を通して聞いてウォーミングアップ。次に②を使ってⒷになったつもりで日本語を英語にしてみましょう。余力があったら③の音声を使ってⒶの役もやってみましょう。

Ⓐ こんにちは。今日の調子はいかがですか。

Ⓑ I'm fine, thank you.

他に **I'm fine, but feeling a little nervous.**（元気ですが、少し緊張しています）も使えます。

Ⓐ どのようにしてここへいらっしゃいましたか。

Ⓑ I came here by train.

By train. だけでもOK。

Ⓐ ここから、あなたのお宅までどれくらいかかりますか。

Ⓑ About forty minutes.

Ⓐ 時間があるときは、何をするのが好きですか。

Ⓑ I love watching movies.

Ⓐ この夏は何かプランがありますか。

Ⓑ I'm going to Malaysia for sightseeing.

Ⓐ いいですね。では、始めましょうか。

Ⓑ Yes, please.

ロールプレイ 2 At home 家庭で

ホームステイをしている、あるいは英語圏からの客を泊めている様子を想像して、Ⓑになったつもりで話をしてみましょう。

Ⓐ Hi! Are you going out?

Ⓑ はい。友達と博物館に行ってきます。

Ⓐ Which museum? The one in the city center?

Ⓑ いえ、ロンドンへ行こうと思っています。

Ⓐ How nice! There's a direct bus or train from the station.

Ⓑ はい、調べました。

Ⓐ When are you coming back?

Ⓑ だいたい8時くらいになると思います。

Ⓐ Would you like to have dinner here?

Ⓑ いえ、友達と外食します。

Ⓐ OK. Have a good day!

Ⓑ ありがとうございます。あなたも。

Ⓐ おはよう。出かけるのですか。

Ⓑ Yes, I'm going to a museum with my friends.

Ⓐ どの博物館？ 街の中心部にある博物館？

Ⓑ No, we are planning to go to London.

Ⓐ 良いですね！
直通のバスか列車が駅から出ています。

Ⓑ Yes, we checked.

Ⓐ いつ戻りますか。

Ⓑ I think I'll be back around 8 o'clock.

Ⓐ 夕食はここで食べたいですか。

Ⓑ No, we are eating out.

もちろん **I'm eating out with them[my friends].** も可能です。

Ⓐ わかりました。楽しんでくださいね。

Ⓑ Thank you, and you too.

ロールプレイ 3 In the office オフィスで

職場で外国人の同僚Ⓐと話している様子を想像して、Ⓑになったつもりで話してみましょう。

Ⓐ Hi, are you OK?

Ⓑ はい、どうしてですか。

Ⓐ You missed the meeting this morning, didn't you?

Ⓑ 遅れたのです。

Ⓐ What happened?

Ⓑ 交通渋滞に巻き込まれたのです。

Ⓐ Oh, sorry to hear that.

Ⓑ 何か重要なことがありましたか。

Ⓐ Nothing special. Kate is summarizing the main points.

Ⓑ それはありがたいです

Ⓐ By the way, when is the deadline for our proposal?

Ⓑ 来週月曜日の10時です。

Ⓐ We have to speed it up.

Ⓐ こんにちは、大丈夫ですか。

Ⓑ Yeah—why?

Ⓐ 朝、会議に出ませんでしたよね。

Ⓑ I was late.

Ⓐ 何があったのですか。

Ⓑ I got stuck in traffic.

Ⓐ それは気の毒に。

Ⓑ Did I miss anything important?

自分が**不在の間に何かあったか**を聞く表現です。

Ⓐ 特別には何も。ケイトが重要点を要約しているところです。

Ⓑ That's great.

Ⓐ ところで、私たちの提案書の締め切りはいつですか。

Ⓑ Next Monday, at ten o'clock.

Ⓐ スピードアップしなくては。

ロールプレイ 4 In a restaurant レストランで

海外で食事をしに行った様子を想像して、レストランのスタッフⒶさんと、友人Ⓒと話してみましょう（あなたはⒷさんです）。

Ⓐ Good evening. Do you have a reservation?

Ⓑ いえ、ありません。

Ⓐ No problem. A table for two, right?

Ⓑ そうです。

Ⓐ Please come this way.

Ⓑ ありがとうございます。

【着席】

Ⓐ Are you ready to order?

「注文されますか？」「お聞きしましょうか？」などの意味合いで使われる表現です。

Ⓑ はい。チキンサラダをいただけますか。

Ⓒ I'll have that, too.

Ⓐ Would you like something to drink?

Ⓑ 赤ワインをグラスでお願いします。

Ⓒ I'll have a beer.

Ⓐ Anything else?

Ⓑ いえ、今はそれで。

Please make it two.（それを2つにしてください＝**2つお願いします**、という表現になります）2人分を最初から頼む場合は、**We'd like two chicken salads, please.** もOK。

【料理が到着】

Ⓐ Here are your chicken salads, a glass of wine for you and a beer for you. Please enjoy.

Ⓑ ありがとうございます。

Ⓐ こんばんは。ご予約はありますか。

Ⓑ No, I don't.

予約をした場合は、**Yes, I'm ...** と**名前**を告げます。今回は予約なしの設定です。

Ⓐ 大丈夫です。お二人様ですね。

Ⓑ That's right.

Ⓐ こちらへどうぞ。

Ⓑ Thank you.

【着席】

Ⓐ ご注文の準備は整いましたか。

Ⓑ Yes. Can I have the chicken salad, please?

もう少し時間が欲しい場合は**Can we have a little more time, please?** など。

Ⓒ 私もそれにします。

Ⓐ 何かお飲物はいかがですか。

Ⓑ I'd like a glass of red wine, please.

Ⓒ ビールをお願いします。

Ⓐ 他には？

Ⓑ No, that's all for now.

【料理が到着】

Ⓐ チキンサラダと、赤ワインはこちらで、ビールはこちらですね。どうぞ召し上がってください。

Ⓑ Thank you.

ロールプレイ 5 Shopping ショッピング

海外で友達へのお土産を買いに行った様子を想像してお店のスタッフⒶさんと話してみましょう。

Ⓐ May I help you?

Ⓑ ありがとうございます。友達に何かプレゼントを探しています。

Ⓐ As souvenirs?

Ⓑ そうです。何がオススメですか。

Ⓐ The T-shirts, chocolates, and alcoholic beverages are very popular.

Ⓑ 良いですね。

Ⓐ And the tea towels are popular, too.

tea towel は **dish towel** とも。食器用のタオル、つまり**布巾**のこと。

Ⓑ それらはとてもきれいですね。

Ⓐ Yes. They are light—so convenient for bringing them back.

Ⓑ その通りですね。おいくらですか。

Ⓐ Cotton ones are from $8 to 13. These linen towels are from $18 to 35.

Ⓑ オッケー。いただきます。

Ⓐ How many would you like?

Ⓑ 全部で15枚です。5枚麻のタオルと、10枚綿のをお願いします。

Ⓐ お伺いしましょうか。

Ⓑ Thank you. I'm looking for some presents for my friends.

他に **I'm just looking, thank you.**（見ているだけです、ありがとう）といえば、店員さんは離れてくれます。

Ⓐ お土産ですか。

Ⓑ That's right. What would you recommend?

What's your recommendation? も同意です。

Ⓐ Tシャツ、チョコレート、アルコール類はとても人気があります。

Ⓑ They look nice.

他に **I love the T-shirts.**（Tシャツ、良いですね）など love や like を使って**商品を褒める**こともできます。

Ⓐ 布巾も人気があります。

Ⓑ They are very pretty.

Ⓐ はい。軽いので、持ち帰るのに便利です。

Ⓑ You are right. How much are they?

Ⓐ 綿のものは8～13ドルです。麻のタオルは18～35ドルです。

Ⓑ OK, I'll take them.

Ⓐ 何枚ご入用ですか。

Ⓑ Fifteen in total. I'll take five linen towels, and ten cotton towels.

他に、**I'll take these ones, and...**（これらをいただいて…）と言いながら、実物を手に取れる場合は、自分で選んで店員に渡すこともできます。

疑問文公式総まとめ！

本書では、英語の質問に素早くリアクションする訓練をしてきましたが、もちろん自分から話題を振ることも、会話を楽しむうえで大切です。本書に出てきた疑問文の構造を理解し、主語や動詞などの要素を入れ替えることで、様々な話題を発信することができるようになり、会話力が1ランクアップします！

Yes/No Questions

（現在）～ですか？

be 動詞 ＋ 主語 ＋ 補語（状態や立場）

Are you from Japan?（日本から**ですか**）

（かつて）～でしたか？

be 動詞 ＋ 主語 ＋ 補語（状態や立場） ＋ 修飾部（時を表す）

Was Mr. Goto president of your company at that time?

（その当時、後藤さんが御社の社長**だったのですか**）

（現在）～しますか？

助動詞 ＋ 主語 ＋ 動詞 ＋ 目的語

Do you **play** chess?（チェスをされますか）

（かつて）～しましたか？

助動詞 ＋ 主語 ＋ 動詞（＋ 修飾部）

Did your parents go（ with you）？

（ご両親は、あなたと一緒に行き**ましたか**）

WH Questions

いつ〜しました［します］か?］

When + 助動詞 + 主語 + 動詞 + 目的語 + 修飾部

When did you see Jimmy last?
（**いつ**最後にジミーに会っ**たのですか**）

いつが〜ですか?

主語 + be 動詞 + 補語 + 修飾部

When is convenient for you?（**いつが**都合いい**ですか**）

（近い未来）どこで〜しますか?

Where + be 動詞 + 主語 + going to 動詞 + 目的語

Where are you going to meet Amy?
（**どこで**エイミーに会う**のですか**）

どこで〜ですか?

Where + 助動詞 + 主語 + be 動詞

Where have **you** been?（**どこに**いたの**ですか**）

どちらを〜しますか?

Which + 助動詞 + 主語 + 動詞 + 目的語

Which do you prefer, this one or that one?
（こちらとあちら、**どちらが**いい**ですか**）

どうして〜したのですか?

Why + 助動詞 + 主語 + 動詞 + 目的語

Why did you do so?（なぜそうしたのですか）

What Questions

～は何ですか？

補語 ＋ be 動詞 ＋ 主語

What is/was that？（それ**は何ですか［だったのですか］**）

～は何を…しますか？

目的語 ＋ 助動詞 ＋ 主語 ＋ 動詞 ＋ 目的語 1

What are you giving him?（彼に**何を**あげ**るのですか**）

～は何を…しましたか？

目的語 ＋ 助動詞 ＋ 主語 ＋ 動詞

What did you major in？（あなた**は何を**専攻**しましたか**）

何があなたを～させるのですか？

主語 ＋ 動詞 ＋ 目的語 ＋ 補語（目的語［you］の状態を表している）

What makes you so angry?（**何を**そんなに怒っている**のですか**）

何が～したのですか？

主語 ＋ 動詞

What has happened？（**何が**あった**のですか**）

～の目的は何ですか？

What ＋ be 動詞 ＋ 主語 ＋ for

What is this cloth **for**?（この布は**何のためですか**）

～のサイズは何ですか？

補語 ＋ be 動詞 ＋ 主語

What is your shoe **size**？（あなたの靴**のサイズは何ですか**）

Who Questions

だれが～を…したのですか？

主語 + 動詞 + 目的語

Who said such a thing?（**誰が**そんなことを言っ**たのですか**）

だれが～を…するのですか？

主語 + 動詞 + 目的語（ + 場所）

Who is meeting Jane（at the airport?）
（**誰が**空港でジェインを出迎え**るのですか**）

～はだれですか？

補語 + be 動詞 + 主語

Who is/are that/they?（あれ［あの人たち］**は誰ですか**）

who の決まり文句

補語 + 助動詞 + 主語 + 動詞 + 主語 + 動詞

Who do you think you are?
（自分を誰だと思っているのですか）

だれに～したいですか？

目的語 + 助動詞 + 主語 + 動詞

Who do you want to see the most?
（**誰に**一番会い**たいですか**）

How Questions

どうやって〜しましたか？

How + 助動詞 + 主語 + 動詞

How did you come here?

（今日は**どのようにして**来た**のですか**）

〜はどうでしたか？

How + be 動詞 + 主語

How was the trip to Mexico?

（メキシコへの旅行**はどうでしたか**）

数を尋ねる：how many

How + **形容詞** + 名詞 + 助動詞 + 主語 + 動詞

How many employees does Disney have?

（ディズニーには**何人の**従業員**がいますか**）

量を尋ねる：how much

How + **形容詞** + be 動詞 + 主語

How much is it?（それは**いくらですか**）

速さを尋ねる：how fast

How + **副詞** + 助動詞 + 主語 + 動詞

How fast can you type?

（**どれくらい速く**タイプできますか）

提案する：how about

How about + 名詞

How about a short trip to Okinawa?（沖縄への小旅行**はどうでしょう**）

Can/Could Questions

～できますか?

助動詞 + 主語 + 動詞

Can you swim? (泳げ**ますか**)

～させてもらえますか?

助動詞 + 主語 + 動詞 + 目的語

Can I have water? (水**を**いただけ**ますか**)

～いただけますか?

助動詞 + 主語 + 動詞 + 目的語1 + 目的語2

Can you get me something to drink?
(何か飲むもの**をいただけますか**)

Shall/Should Questions

(一緒に) ～しましょうか?

助動詞 + 主語(we) + 動詞

Shall **we** go? (行き**ましょうか**)

(私が) ～しましょうか?

助動詞 + 主語(I) + 動詞 + 目的語

Shall **I** bring something? (何か持って行き**ましょうか**)

～するべきでしょうか?

助動詞 + 主語 + 動詞 + 目的語

Should we give up the plan?
(このプランをあきらめる**べきでしょうか**)

Will/Would Questions

（未来に）～しますか？

助動詞 ＋ 主語 ＋ 動詞

Will you come back next week?（来週も来**ますか**）

お願いがあるのですが…

助動詞 ＋ 主語 ＋ 動詞 ＋ 目的語１ ＋ 目的語２

Will you do me a favor?

（**お願いがあるのですが**）＊ will の代わりに would も使われます

～してもいいですか？

助動詞 ＋ 主語 ＋ 動詞 ＋ 目的部分

Would you mind if I smoke?（タバコを吸っ**てもいいですか**）

～はいかがですか？

助動詞 ＋ 主語 ＋ 動詞 ＋ 目的部分

Would you like a cup of tea?（お茶を**いかがですか**）

May/Might Questions

～してもいいですか？

助動詞 ＋ 主語 ＋ 動詞

May I sit here?（ここに座っ**てもいいですか**）

～してもよろしいでしょうか？

助動詞 ＋ 主語 ＋ 動詞 ＋ 目的語

Might I ask where you live?

（どちらにお住まいか、伺っ**てもよろしいでしょうか**）

＊ Might I ～？とすると、礼儀正しく情報を求める疑問文になります。

付加疑問文／否定疑問文

～しました［してません］よね？

主語 + 動詞 + 修飾 + **動詞 + 主語**

You went there, **didn't you**? (そこへ行っ**たのですよね**)

～でした［ではありませんでした］よね？

主語 + 動詞 + 修飾 + **動詞 + 主語**

You were with Nancy, **weren't you**?
(ナンシーと一緒**だったのですよね**)

～します［しません］よね？

主語 + 助動詞 + 動詞 + 目的語 + **動詞 + 主語**

You don't like coffee, **do you**?
(コーヒーは嫌い**ですよね**)

～しないですよね？

助動詞 + **主語** + 動詞 + 目的語

Don't you like coffee? (コーヒーは嫌い**ですよね**)

●著者紹介

妻鳥千鶴子　Chizuko Tsumatori

英検1級対策をメインに行うアルカディアコミュニケーションズ主催。バーミンガム大学修士課程（翻訳学）修了（MA）。テンプル大学修士課程（教育学）修了（MS）。近畿大学・関西大学非常勤講師。主な著書は『ゼロからスタート 英会話』『ゼロからスタート 基本動詞』『ゼロからスタート 英単語』『WORLD NEWS BEST30』『すぐに使える英会話　超入門』『日常会話から洋画まで全て聞き取れるようになる！ 英語リスニング超入門』（以上、Jリサーチ出版）等。

本書へのご意見・ご感想は下記URLまでお寄せください。
https://www.jresearch.co.jp/contact/

カバーデザイン	根田大輔（Konda design office）
カバーイラスト	木村吉見
本文デザイン・DTP	江口うり子（アレピエ）
本文イラスト	田中斉
ナレーション	Howard Colefield／Jennifer Okano
英文校正	Patrik R. Polen
英文校正	Owen Kimura

短期完成！　ああ言えば 即こう言う 英会話
10日間 100本ノック‼

令和2年（2020年）4月10日　初版第1刷発行

著　者	妻鳥千鶴子
発行人	福田富与
発行所	有限会社　Jリサーチ出版 〒166-0002 東京都杉並区高円寺北2-29-14-705 電話 03(6808)8801(代)　FAX 03(5364)5310(代) 編集部 03(6808)8806
URL	https://www.jresearch.co.jp
印刷所	㈱シナノパブリッシングプレス

ISBN978-4-86392-477-2